男の「定年後」を死ぬまで幸せに生きる方法

7つの選択と4つの行動習慣

はじめに　生き方を転換する時

「バシッ」

ボールは一直線の美しい軌道を描いて早朝の青空に吸い込まれ、ほどなくして引力に引き戻されて青々した芝生のフェアウェーに着弾する。アマチュア・ゴルファーにとって至極の快感と安堵の瞬間だ。

やがて、その重さわずか46グラム、直径5センチ足らずの白球が描くみごとな放物線があるものにそっくりだ、とあなたは気づく。往年の王選手や長嶋選手のホームランではない。あなたの限りある人生である。

僕たちは誰しも「おぎゃー」と生まれるところからスタートし、腕白な少年時代を風のように走り抜け、多感な思春期を無我夢中で駆け上がり、社会人として体力・気力とも充実した壮年期を迎える。放物線でいえば頂点だ。

そこからは、個人差があるにせよ、どんなに頑張っても体力も髪の本数も下り坂になる。ドライバーの飛距離は落ち、健康器具を買い求めるが割れた腹筋など夢また夢。藁にもすがる思いで高額な育毛剤を買ったりするが、結果は期待できない。

金持ちも貧乏人もじつは同じだ。カネはあるに越したことはないが、金持ちになっても老化という不安から解放されることはない。どうあがいても、鎌を担いだ冥府の魂の管理者である死神さまといずれ直接対面することになるからだ。億万長者といえども逃げおおせない。

ちょっと大袈裟かもしれないが、僕はこれまで何度か死と隣り合わせになったことがある。最初は民放のニュースキャスターとしてカンボジア取材中のことだった。ヤブ蚊に刺されて熱帯病の一種デング出血熱に感染し、高熱と下痢で重症患者として病院に運び込まれた。治療法はないと言われた。42歳という働き盛りだったので、脳裏をよぎったのは妻とふたりの子どもたちの行く末だった。食欲は皆無で、あっという間に10キロ痩せ、頬がこけ落ちた（ダイエットなんて簡単だ。食べなければいいのだ）。

そんな僕を見て、番組プロデューサーは嬉々として生放送に出演させた。初の自衛隊海外派遣という大ニュースの時だったからだ。現地では自衛隊員もこんな危険な目にあうぞ、と！

エリツィン大統領と議会派が武力衝突した１９９３年のモスクワ10月政変では、頭上を銃弾がかすめてロシア人カメラマンともども肝を冷やした。その映像レポートは結果としてスクープになったが、政府発表によれば死者は１８７人、ロシア連邦共産党筋によれば２０００人以上と知らされ、二度震えあがった。

だが、いちばんショックだったのは60歳手前で「胃がん」と宣告された時だ。幸い初期で手術は成功裏に終わり現在も再発はないが、突然のことだっただけに内心は不安でいっぱい。麻酔で意識が薄れていく中で、それまでの自分の人生が古い映画のように浮かんでは消えた。

そのお陰で人生観がガラリと変わった。まず、先のことを心配してくよくよ悩むことを止めた。

ハイジャックされた旅客機がニューヨークの世界貿易センターに突っ込み、ウソとはったりで生きてきた前期高齢者のドナルド・トランプがアメリカ大統領になってしまう時代である。何が起きても不思議ではない。万事塞翁が馬だ。心配したって胃が痛くなるだけだ。

過去よりも未来の時間のほうが短く感じられる60代になった今だからこそ、他人の視線やステレオタイプ思考から解放されて、本物の豊かさを探そうと決めた。高齢者になったからといって悲観する必要も、反省する必要も、自制する必要もまったくない。濡れ落ち葉とか粗大ゴミだとか揶揄されようが、黄昏を迎えたあなたの心の中には、人生の達人ネオシルバー男になるための「驚くべき隠居力」がまだ眠っているのだ。

本書はその眠れる「隠居力」を目覚めさせるための体験的道しるべだと思って、お読みいただければ幸いだ。ゴルフにたとえれば「知的シングルのすすめ」といったところだろうか。

尽きることのない知的興奮は年齢を重ねるほど深まり、やがて達人の域に達する。飛距離を自慢するだけで、ゲームの神髄を極めることに無頓着な若造たちには決してわかるまい。

人生劇場は第二幕が面白い。さあご同輩、定年後もワクワクする7つの選択と4つの行動習慣の扉を開けようではないか。

男の「定年後」を死ぬまで幸せに生きる方法／もくじ

はじめに　生き方を転換する時　003

第1の選択　はやくより、ゆっくり　015

時間は伸縮する　016
逆転する時間感覚　019
日帰り旅を、あえて二泊三日に延ばす　020
こだま・ひかりのグリーン車に乗る　022
あなたの時計はいつも正しい　024

第2の選択　見えない首輪をはずす　027

アンディタロッドの犬　028
新暴走老人ネオシルバー　029
日本は今や年齢不詳化社会　032
身勝手で罪深き世代　034

第3の選択　定年退職しても住居を変えない　039

天国が苦痛になる？　040
住まいはライフステージで選ぶ　041
マルチ・ハビテーション（複数の住居）という選択　043
軽井沢に行くとよく眠れる　045
地上の楽園の現実　047

第4の選択　必要のないものにカネを使う　051

江戸時代の隠居の道楽とは　052
無駄話、無駄な趣味、万歳！　053
美田は残さず、使ってしまえ　054
1枚の絵を見るために海外へ行くのもあり　055
アートのある生活は人を幸せにする　058
学ぶことを止めてはいけない　060
ゴルフが僕にもたらした素晴らしいチャンス　061
直島で実感した自然とアートの大切さ　063

第5の選択　食べたいものを食べる ― 067
奪われた快楽を取り戻せ　068
食べたいものを食べて、人生を愉しむフランス人　069
コーヒーもケーキもがまんしない　072

第6の選択　医者や子どもより、友人と会う ― 077
医者や病院には必要以上に近づかない　078
身内といえども油断大敵　080
朋友は定年後のベストパートナー　082
友のいないあなたには　083

第7の選択　忙しい日課を続ける ― 087
キョウイクとキョウヨウ　088
仕事を通じて刺激を受けることの意味　089
定年退職者にうってつけの仕事とは　091

第1の行動習慣 時間を自分でコントロールする 095
一日の時間を自分のリズムに合わせて分割する 096

第2の行動習慣 かっこいい姿でいる 099
ファッションとは生き方 100
美しく立つ 102

第3の行動習慣 100歳までボケない決意 105
ボケとはまったく無縁の人たち 106
世界最長寿の人生に驚嘆 107

脳を元気にする科学的方法 111
脳は若返る 112
方法その1　運動をする 112
目標はエベレスト登頂 113
継続は力なり 115

脳内でスパークを起こす 118
方法その2　瞑想する 121
方法その3　知的刺激を続ける 122
方法その4　十分睡眠を取る 124

第4の行動習慣　ユーモアの感覚を磨く

ユーモアの感覚を磨く 127
笑いは人生の潤滑剤 128
ジョークの国アメリカ 131
「初めての還暦」とは言い得て妙 134

デンマークに学ぶ幸福と豊かさの関係

デンマークに学ぶ幸福と豊かさの関係 137
首都コペンハーゲン 138
カネと幸福の図式 138
国民負担率7割強でも幸福 140
根幹にある「共生」の精神 142
定年制度のない国 144
ヒュッゲって何だ? 147

ベーシックインカムという選択肢 148
スモール・イズ・ビューティフル 152

生きる歓びと死への意識を持つ 157

定年後の人生計画は必要か 158
ひとり暮らしが多数派になる？ 161
男の「没イチ」は情けない 164
映画を楽しむ人生 165
大河小説こそ老後の贅沢 169
死ぬまで矍鑠としていたい 173
愛の妙薬 176
悲しき男の病 178
死すべき定め 180
最期の時をどう迎えればいいのか 182
心豊かに過ごせる定年後をめざして 185

あとがき 188

装丁●遠藤陽一
（デザインワークショップジン）
校正●鷗来堂
本文ＤＴＰ●ＮＯＡＨ

第1の選択

はやくより、ゆっくり

時間は伸縮する

最初に、時間は伸び縮みすることを自覚しよう。

輪ゴムやパンストから股間の一物まで、世の中に伸びたり縮んだりするモノは多い。だが、その中でも伸縮がもっとも著しいのは時間である。

そんな馬鹿な、と思われるかもしれない。確かに物理的には1時間は60分、1日24時間、1年365日ときっちり決まっている。しかし、状況によって僕たちの時間感覚は驚くほど変化しているのだ。

例えば、熱愛中のカップルにとって、一緒にいる1時間は一瞬のように短い。一秒たりとも別れがたい気持ちがそうさせる。反対に、窮屈な教室で退屈な講義を聞かされている学生にとっては、同じ1時間が拷問のようで何時間にも感じられるだろう。

時間の感覚はお国柄によっても異なる。ロシア取材で僕はそのことを痛感させられたことがある。

1992年のことだった。

当時、民放のキャスターとして、最高国家機密のベールに包まれていたロシア戦略原子力潜水艦「タイフーン」の姿を求めて、半年にわたってロシア国内を取材して回っていた。

まず、新潟からアエロフロート機でハバロフスクに入った。そこから次の目的地であるロシア太平洋艦隊本部のあるウラジオストックには、列車で向かうことになった。

列車といってもただの列車ではない。鉄道部隊大将の専用車両を一両貸し切りである。車内には個室が2つ、4人部屋が1つ。個室のひとつには風呂とトイレがついていた。さらに、広い共用リビングには、くつろげるソファーと6人程度で食事ができるテーブルとイスがあり、テレビまで完備されていた。

それだけではない。なんと専用の料理人まで!

同乗したのは僕を含め東京からの取材班4人、ロシア人通訳、ロシア軍関係者、取材に協力してくれたロシア人ジャーナリストの計7人。ここで、せっかちな日本人と大陸的なロシア人との時間感覚のズレが、すぐに明らかになった。

とにかくウラジオストックに着く前に取材の段取りをきちんと決めておきたい我々に対し、ロシア側の態度は「そんなことは現地に着いてからゆっくりと考えればいい。今はナマズの唐揚げを肴に祝杯をあげる時だ」とウォッカを注いでくる。「今のうちに少しでも……」と言っても無駄。なにしろ5分おきにウォッカで乾杯だから、しばらくすると全員が意識朦朧となる。その時、初めて日ロ両国の時間感覚がぴったり重なり合い夢の世界へ。

この連中とは次の目的地である秘密都市コムソモリスク、そして再びハバロフスクに戻るまで、合わせて4日間列車の旅を共にした。毎夜、話し合いは結論が出ず、ウォッカの一気飲みで泥酔して終わる。

だが、未明の汽笛に起こされ、窓の外に広がる荒涼たるシベリアの大地を眺めていると、目先のことに追われてあくせくしている自分の存在がとてもちっぽけなものに感じられた。その瞬間、僕の時間感覚はグーンと伸びてロシア人のそれに限りなく近づいた。焦っても仕方がない。心の余裕を持つとは、そういうことなのだ。

その半年後、モスクワから北へ2000キロ、ノルウェーやフィンランドに近い北極圏の秘密基地でついに「タイフーン」を発見。西側テレビジャーナリストとして初めて乗船が許され、取材は大成功に終わった。

あなたの気持ち次第で時間は自在に伸び縮みする。そのことを自覚するだけですべてが変わる。生き急ぐ必要もなければ、死に急ぐこともない。それが充実した定年後へのまず第一歩である。

逆転する時間感覚

今振り返れば、20代の頃は「はやく」が絶対的な価値観であり、優先順位のトップだった。私生活も仕事も0・1秒を争う短距離ランナーのように生き急いでいた。

新宿で火事だと聞けば教室を飛び出してすぐさま見物に出かけたし、三島由紀夫が割腹自殺したと知れば後先考えず事件現場である市ヶ谷の自衛隊駐屯地へ走って行った。突然沖縄へ行こうと思いついて、下宿の炬燵も電気もつけっぱなしのまま、船の三等船室に乗ったこともある。帰ってきたら、下宿の主人にこっぴどく叱られた。犯罪に巻き込まれたのでは、と心配したという。

それでも破天荒で猪突猛進。それがかっこいい男の生きる道だと信じて疑わなかった。あなたにもきっとそんな時期があったに違いない。

社会人になっても「誰よりもはやく」だけを追求していた。ライバル社と秒単位で競いあっているアメリカAP通信社の記者として、本は速く読む、現場に早く着く、記事を誰よりも速く書く、飯は早く食べる、トイレは30秒、風呂は烏の行水、などが習慣になってしまっていた。まあ若い頃はそれでよかったし、それでもいいと思う。

しかし、歳を重ねるに従って、本はゆっくり読む、現場のことをしっかり調べてから取材に出かける、ニュースの歴史的意味をじっくり分析する、食事はゆっくり味わって食べるなど、すべて若い頃とは対極なことをやっている自分がいることに気づいた。

残された命の時間が少ないのに、なぜゆっくりでいいのか。気力・体力の衰えによるものだろうか。いや、そうではあるまい。今までのスピード優先の価値観とは真逆のスローライフに、真の「豊かさ」があることに気づき始めていたからだろう。

まず、わかりやすい例として、手始めにスローな「旅」を考えてみよう。

日帰り旅を、あえて二泊三日に延ばす

旅はお好きですか？　そんな質問をよく受ける。「はい、大好きです」といつも簡単に答えてしまうのだが、よく考えてみると仕事で行く海外取材との区別がまったくついていなかった。

国際ジャーナリストとしてこれまで数十カ国を訪れたが、ほとんどがパキスタンやアフガニスタンのようなテロ現場やカンボジア、ロシアなどの紛争地帯、あるいは世界最悪の環境汚染地域など危険がいっぱいな現場ばかり。風光明媚な観光地とはおよそ無縁。限られた時間でいかにリスクを回避しながら、取材を成功裏に終わらせるかということ

だけで、いつも頭の中はいっぱいだった。

だから、新婚の頃に「君の誕生日をパリで過ごそう!」と妻と約束したことなどすっかり忘れていた。

妻の誕生日は7月14日。フランス共和国成立を祝うパリ祭の日だ。だからこそ、パリを選んだ。女性はそういう約束は生涯忘れないものらしく、再三催促された末にようやく50歳を過ぎて実現の運びとなった。妻は待ちくたびれたに違いない。だが、僕は30年遅れでよかったと密かに思っている。なぜなら、お互いにゆっくり旅することの価値がわかる年齢になっていたからだ。

取材現場の喧噪と原稿の締切時間に追われていた頃とは対照的に、妻との二人旅では時間がまさにゆったりと流れた。

セーヌ川のほとりをのんびり散策し、シャンゼリゼ通りでショッピング。美術館でお気に入りの作品を楽しむ。お腹が空けば、ガイドブックでよさそうなビストロを見つけて食事をするといった具合だ。予定らしい予定は夕食のレストラン予約だけ。パリで見つけた素敵なレストランがたまたま定休日だったが、ホテルのコンシェルジュに告げると、次の日なら予約が取れるという。日程に余裕があった僕たちは即予約してもらった。

スケジュールがきっちり決められた団体ツアーは、経済的で効率よく観光地を見て回れる利点がある。だが、シニア世代は効率よりもマイペースの充実感を常に優先したい。夫婦でパリなんて夢また夢と初めからあきらめなくて本当によかった。僕は30年かかったが、思い切った出費を覚悟で実行してしまえば、あなたも夢は実現できる。後はなんとかなるものだ。

国内旅行も同じだ。気が向けば、日帰り旅をあえて二泊三日に延ばしてみよう。思わぬ幸せな出会いや発見があるかもしれない。

こだま・ひかりのグリーン車に乗る

もちろん、無謀な浪費を勧めているわけではない。節約できるところは節約するのが、長年生きてきたシニアの知恵というものだ。海外旅行には格安航空券やホテル予約がある。国内なら、僕のお勧めは全国のＪＲ線共通のシニア割引。男性65歳、女性60歳以上を対象にした会員制（「ジパング倶楽部」）で、４０００円弱の年会費を払えば年間20回まで20～30％の割引でＪＲ線を利用できる。新幹線も「のぞみ」「みずほ」とグランクラスは割引になるのは乗車券だけだが、それ以外の「ひかり」「こだま」なら特急券も割引になるから、これを使わない手はない。

グリーン車なら、指定席で乗り心地もよい。東京・新大阪間を2時間半で走る「のぞみ」と「ひかり」の所要時間の差はわずか30分、こだまなら1時間半だ。お好みの駅弁などを楽しみながらゆっくりくつろげるし、僕の場合はひとりで集中して読書をしたい時や講演の準備などでも活用している。ちなみに妻にも好評で、我が家は夫婦そろって会員だ。

ポイントはゆっくりを「愉しむ」こと。「愉」という漢字の左側のりっしんべんは「心」を表している。つまり、自分自身の気持ちや思いから自然と生まれる歓びを素直に感じることだ。

外資系アパレル企業を定年退職した友人によれば、究極のゆっくり旅は海外でのクルーズだそうだ。毎年、フランス人の奥様と一緒に地中海や南米まで足を伸ばして、豪華客船で長期クルーズを楽しんでいるという。ホテルが移動しているようなものだから、行く先々で部屋をチェックインしたり、荷物を運んだりする必要がない。レストラン探しも不要。常連の乗客たちと再会できるのも喜びだという。

彼ら夫婦のように上級シニアレベルと比べ、気持ちの余裕も財力もまだまだ及ばない僕は、正直言って、まだあまりクルーズに魅力を感じていない。ルートが決まっていて、行き先を気まぐれで変更できないからだ。

18年前の2000年7月25日、パリ・シャルルドゴール空港からニューヨークに向かったエール・フランス航空の超音速ジェット「コンコルド」が、離陸直後にエンジン火災を起こして墜落するという事故があった。死亡した乗客100人のほとんどがドイツ人観光客で、超音速移動の目的はプエルトリコでゆっくりとクルーズを楽しむためだったという。どこが「ゆっくり」なんですか！

あなたの時計はいつも正しい

賢明なあなたは、「スピードの時代」「勝ち組、負け組」「情報化社会」などというマスコミが拡散するはやり言葉に翻弄されてはいけない。いくらアンテナをめぐらし時代に追いつこうとリアルタイムの情報を手に入れたところで、自分の人生における優先順位がきちんとしていなければ、いたずらに不安が増幅するばかりだ。

がむしゃらに前へ進む努力は若者にとって必要だが、シニアの達人はあえてスローダウンして、自分の時間感覚で周りの景色を愉しみたい。

人工知能の生みの親で、マサチューセッツ工科大学（MIT）にAI研究所を設立したマービン・ミンスキーは、あるシンポジウムで子どもからこんな質問を受けた。

「僕のつくった時計が、少しずつ狂ってきちゃうのですが、どうしたらいいですか？」

ミンスキー博士の答えは驚くほどシンプルだった。

「君がスタンダードになればいい。そうすれば、君の時計はいつも正しい」

第2の選択

見えない首輪を はずす

アンディタロッドの犬

「アンディタロッド・トレイル」をご存じだろうか。アメリカ・アラスカ州最大の都市アンカレッジから、ベーリング海に面した歴史豊かな町ノームまでの約1900キロの氷原をひたすら走り抜ける世界最長の犬ぞりレースのことである。

気温は身も心も凍てつく氷点下40度。毎年3月の第1土曜日にスタートし、トップでもゴールまで2週間前後はかかるという、世界一過酷な耐久競技として愛好家の間で知られている。

考えてみれば、僕たちの人生もこのレースに似ている。日の出とともにレース犬のように眠気を振り払って、仕事というソリを引っ張りながら、鳴り止まぬ電話、予期せぬトラブル、そして書類の山と格闘し、夜には疲れ果てて眠りに落ちる。来る日も来る日もこの繰り返し。ベッドの中で見る夢は決まって仕事から解放されゆったりと過ごす幸せな退職生活だ。僕たち人間が犬と違うところはそんな中でも将来の計画を立てていることだろう。こつこつと貯蓄をしながら、老後は緑豊かな自然の中か南の海辺に家を構えて、同世代の退職者たちと穏やかに暮らすというプランだ。

しかし、そんな計画はまったく馬鹿げている。今すぐゴミ箱に捨てたほうがいい。なぜなら、そこにあるのは十中八九あくびが止まらなくなるような退屈、老化による衰弱、そして期待外れで後悔だらけの結末があるだけだからだ。人生最後のゴールデンタイムを見ず知らずの老人たちに囲まれ、不慣れな土地で暮らすことほど気だるく疲れることはあるまい。年寄りになってからならなおさらだ。

僕たちがめざすべきは、そんな古臭い紋切り型のリタイア生活ではない。これまでの社会通念とはとっととオサラバして、真逆の人生を歩めばいいのだ。首輪をはずされ群れから解放されたレース犬のように、沈む夕日に向かって自由に駆け出せばいいのである。そうすれば胸がワクワクする退職後の毎日がやってくる。先の心配をしている暇などないのだ。

新暴走老人ネオシルバー

少し前に『暴走老人』（藤原智美著、文藝春秋）という本が話題になった。いわゆる団塊世代の定年退職者が会社生活スタイルを脱皮できず、時間を持て余したあげくに妻に命令口調で嫌われ、些細なことで「責任者を出せ」と商店などでクレームをつけるようになる哀れな老人の姿として描かれていた。

孤独と自己顕示欲が入り混じった感情が暴発して、時として傷害事件まで引き起こしてしまう。モンスターペアレンツならぬモンスタージジババたちの暗い老後だ。他人の迷惑などかえりみず、走行中の東海道新幹線の中で油をかぶって焼身自殺した71歳の男などその最たるものだろう。

しかし、僕が思い描く暴走老人ネオシルバーはまったく違う。ネオとはギリシャ語で新しいという意味。行きどころのない不満を周囲の人にぶつけながら自暴自棄に生きるのではなく、既成概念から飛び出してもっと自由で前向きな人生を生きる幸福な成功者たちだ。

例えば、80歳で世界最高峰エベレストに登頂した冒険家の三浦雄一郎さん。日頃から親しくお付き合いさせていただいているが、まさに年齢を感じさせない豪傑。周囲の家族や友人はハラハラドキドキさせられっぱなしだが、ご本人はいたって意気軒昂である。「僕はO型だから大丈夫」と言って、いまだに1キロのステーキをペロリと平らげる。90年代後半に話題となったアメリカの自然療法医ピーター・J・ダダモ博士の「血液型ダイエット」に基づいているらしい。O型の人は肉、B型は乳製品、A型は野菜や穀物、AB型は豆腐・魚介類中心の食生活をするといいという説で、一時期テレビのワイドシヨーでも取り上げられ話題になった。論文も発表されておらず科学的な根拠が乏しい説だが「信じる者は救われる」の世界だろう。そういえば、僕はB型でヨーグルトが大好きである。ダダモ理論に〝ぴったしカンカン〟だ。

変わり種なら、60歳半ばを過ぎて38歳年下の元クラブ歌手と再婚し、子宝にまで恵まれてマスコミやワイドショーをにぎわせた俳優の上原謙さんなども立派なネオシルバーだろう。

もちろん有名人や金持ちである必要はない。年末年始、僕はオーストラリアのケアンズにあるパラダイス・パームというゴルフリゾートの知人宅で過ごすことがあるが、そこでいつも合流する70代前半の日本人男性は元プロゴルファーでもアマチュア選手でもないのに、なぜか毎日ほぼエイジ・シュート（年齢と同じスコアで回ること）を達成している。しかもドライバーは250ヤード以上軽々飛ばす。ゴルフが好きなだけの90前後をうろうろしている僕など、足元にも及ばない。まさに人生を謳歌しながら、手持ちのカネを楽しく食いつぶしている暴走老人ネオシルバーたちだ。

こういう話をすると、決まって、カネがある人はいいが、カネがない人間には逆立ちしてもできないという人が出てくる。だが、それは違う。今はやりのLCC（格安航空会社）を利用すれば航空運賃など国内旅行程度の出費で済むし、プレー料金は海外のほうが安い。要はやる気と行動力なのだ。

日本は今や年齢不詳化社会

日本は１９７０年に高齢化社会（65歳以上が全人口の7～14％）、１９９５年に高齢社会（14～21％）、そして２００７年に人類史上初めてとなる超高齢社会（25％以上）に突入した。１９６４年の東京オリンピックの時にわずか１９１人だった１００歳以上のお年寄りの数が、今や史上最多の6万人超。これまでの20年間でなんと６・７倍も増えている。

かつて小泉純一郎元総理が講演で「いずれ日本は１００歳以上の元気なお年寄りがごまんといる社会になるんですよ」と話していたが、すでに「ごまん」なんてとうに超えているのだ。

老いれば体力も財力も減少する。だからといって悲観する必要などない。超高齢社会では年齢不詳化が進むからだ。つまり、実年齢と精神および肉体年齢は必ずしも一致しなくなってきているのである。元気で人生を謳歌するネオシルバーが「ごまん」と増えていく。あなたもそのひとりになればいいだけのことだ。

団塊の世代は、戦後初めて人生を楽しむことを知った世代である。年齢不詳化社会を実現した世代でもある。何ものも恐れず、誇りを胸に歳を重ねていけばいいのだ。

かつて政府はシルバーコロンビア計画と称して、年金暮らしの年寄りがスペインなど生活費の安い外国に移住することを奨励した。表向きは豊かな老後を海外でという美談だったが、実際には高齢者医療など社会保障費削減のための「姥捨て」計画だった。すぐ露見して「老人輸出」の企みはとん挫した。

ところが、安倍政権になって性懲りもなく、今度は地方活性化の一環と称して増加する高齢者を地方に移住させようとしている。余計なお世話である。自分の死に場所は自分で決めるものだ。政府にあっちへ行け、こっちへ行けといわれる筋合いはない。

ただ、立派な暴走老人ネオシルバーになるためには、それなりの選択と習慣が必要だ。僕はそれを暴走老人ネオシルバー7つの選択と4つの行動習慣と呼ぶことにした。

その前に、ネオシルバーの中核である団塊の世代とはどのような世代なのかを振り返っておきたい。

身勝手で罪深き世代

団塊世代は一言でいえば身勝手で罪深き世代である。じつはどの世代も身勝手なのだが（でなければ、日本の債務が１０００兆円を超えて膨らみ、年金が危機に瀕することはなかったはずだ）、とくにタチが悪いのが団塊の世代だ。

団塊の世代とは、第二次世界大戦直後に戦地から戻った男たちが一斉に結婚し、空前絶後の大繁殖をおこなった結果生まれた子どもたちのことである。いわゆる第一次ベビーブーム（１９４７～51年生まれ）の世代だ。僕もそのひとりである。とくに厚生労働省が団塊世代と定義している１９４７年から49年の3年間に生まれた日本人は、その直前より20％、直後より26％も多い。そんな突出した人口構成だから、良くも悪くも日本社会のかたちに大きな影響を与えてきた。

連合国占領下の日本で生まれたこの世代は空襲や戦災を体験したことのない初の戦後生まれだが、その多くは戦後の貧しさを経験している。なぜなら、彼らが生まれた頃の日本にはまだ貧乏が溢れていたからだ。

僕も子どもの頃はおやつといえば漬物の切れ端だったし、服が擦り切れて靴が破れているのは当たり前だった。電気製品といえば天井からぶら下がっていた電球とアイロン、ラジオぐらい。それが当たり前だったから、誰も苦しいとか恥ずかしいとは思っていなかった。

なにしろ巨大な人口の塊である。学校に通うようになると、全国の学校であっという間に教室が不足するようになった。ひとクラス50~60人というすし詰めが当たり前。とにかく、自分の存在を世に知らしめるのは並たいていのことではなかった。学業成績はもちろんのこと、給食の配分まで熾烈な競争が運命づけられていた。その結果、好むと好まざるとにかかわらず、子どもの頃から他人を蹴落とす術を覚えていった世代でもある。そんな世代が大人になって、世の中がよくなるわけがない。

1960年代、日本経済が本格的な高度成長期に入ると世の中は一変した。当時の総理大臣だった池田勇人は10年で国民の所得を倍にするという所得倍増計画をぶち上げ、10年を待たずに7年で国民一人当たりの実質国民所得の倍増が達成された。

この頃になると、ほとんどの国民が自分たちは中流だと思うようになり、子ども時代に経験した貧乏は姿を消していった。地方農村の中高卒の若者は、職を求めて東京や大阪など大都市に集団就職した。

一方、大学へ進学したインテリ団塊世代の若者たちは大学改革、安保闘争、ベトナム戦争反対といった反体制学生運動にまい進し、それまでの世の中の価値観をぶち壊した。世の中の不条理を自分たちが正すのだという青臭い思いが強かったからだ。その結果、世相は混乱し、従来のコミュニティ意識や家制度が崩壊して核家族化が進んだ。見合い結婚と恋愛結婚の数が逆転したのもこの世代である。

贅沢を知ると人は礼節を忘れる。ご近所同士が助けあい、醤油や砂糖などを融通し合いながら生きた〝つつましやか〟な時代のことはすっかり忘れて、誰も彼もが我先にとテレビ、クーラー、自動車、ブランド品などを買い求める消費競争に明け暮れるようになった。気がつけばクレジットカードやサラ金を利用して所得以上に消費するようになっていたが、みんながやっていることだからと高をくくっていた。

猛スピードで走る自動車が巻き起こした風で、当時の人気モデル小川ローザのミニスカートがまくれ上がることで話題になったテレビCMのキャッチフレーズ「Oh！　モウレツ！」が、その時代そのものだったのである。

金儲けに目が眩んで1980年代後半からの不動産バブル、そして2000年頃のインターネットバブルという二度のバブル景気を引き起こしたのもこの世代だ。バブル崩壊によって日本経済は大きな痛手を負ったが、自分たちはあれほど若き日に熱狂したマルクス、エンゲルスをかなぐり捨てて、ちゃっかりと不動産や株投資で小金を貯め込んだ。抜け目がないのも団塊の世代の特徴である。

今やそんな団塊世代が退職して年金受給者となり、若者たちの未来を食いつぶしながらひたすら長生きをしている。金持ちも多いのだから、デンマークのように自分の年金を貧しい他人のために使ってくださいと返納を申し出る老人がいても不思議ではないのだが、僕の知る限りひとりもいない。これで団塊の世代がいかに罪深い世代なのか、おわかりいただけただろう。

しかし、謙虚に反省せよというつもりなど毛頭ない。いっそのことこのまま爆走し続けてみたらどうか、というのが僕の提案だ。どうせ身勝手で自己中心的で無責任で罪深い世代なのだ。さらに悪いことに自分の人生に自信があり、自説を変えたりしない。世間一般ではこれを「老害」というが、いまさら形だけの反省などしても遅いし、似つかわしくない。

いよいよここからは、ネオシルバーになるための具体的な選択を見ていこう。

第3の選択

定年退職しても住居を変えない

天国が苦痛になる？

前にも述べたが、緑豊かな森の中か南の海辺に家を構えて同世代の退職者たちと穏やかに暮らすなど、ゆめゆめ考えてはいけない。不慣れな土地で見ず知らずの人たちに囲まれて暮らすことほど疲れることはあるまい。海外移住などよほど熟慮してから決断したほうがいい。孤独感に苛まれて早死にするのが落ちだ。

退職後早々に日本の住まいを引き払って、フィリピンに移住した同世代の友人がいる。日本と比べて生活費が安く、ゴルフ場などのレジャー施設もあり、冬の寒さを心配する必要もない。食べ物も美味しい。日本との時差はわずか1時間。航空運賃も欧米と比べたら格安。

ところが、天国だと思ったそんな夢の海外生活がだんだん苦痛に変わった。言葉がうまく通じない。コミュニティに馴染めない。生活習慣が違う。高齢者医療に対する不安などなど。だが、日本に戻ろうと思っても、もう住む家がないと嘆いている。

もちろん、新天地にうまく順応して快適な第二の人生を謳歌している方もいる。ちゃっかり現地で若い奥さんまで見つけて。

だが、やはり定年後は住み慣れた土地がいちばんだ。馴染みの酒場もあれば、家族、友人もすぐそこにいる。

どうしても、どこか新しい場所に行ってみたいというのなら、神様があなたのためにちゃんとホテルという便利なものをつくってくれているではないか。それを利用すればいい。

それでもどうしてもあきらめきれないというご同輩には、僕が選択した以下のようなマルチ・ハビテーションのスタイルをお勧めする。

住まいはライフステージで選ぶ

「衣食住」は我々の生活の基本的な要件だ。とりわけ、住まいの選択は人生にとって最も大きな決断である。

僕の場合は、大学生の頃にアメリカに滞在したことがその後の「住」に対する考え方を決定づけた。1973年の夏のことだ。大学3年生だった僕は、ニューヨークの『TIME』誌本社でインターンとして研修を受けていた。その時、あることに驚かされた。

それはアメリカ人がよく家を買い替えていることだった。

同じオフィスにいたアメリカ人記者に、なぜ頻繁に引っ越すのかと訊ねると、「当たり前だろう。住まいはライフスタイルによってチェンジしていくもんだよ！」という答えが、馬鹿でかい笑い声とともに返ってきた。

なるほど。住居は自分のライフスタイルに合わせて変えていくのか。当時、日本ではマイホームを持つことがサラリーマンの一生の夢で、家を頻繁に買い替えていくなどという発想はなかった時代である。実際、金利8％超の住宅ローンも、そう簡単には借りられなかった。

帰国後、僕もライフスタイルに合わせた住まいを強く意識するようになった。働き始めの頃は貯蓄など雀の涙ほどしかなかったので、妻と共働きするのに便利な中央線阿佐ヶ谷駅前の2DKのアパートからスタート。名前だけはおしゃれな「マーガレットハウス」だった。

息子が誕生した後は中野駅近くで少し広いマンションを購入。子どもが保育園通いをする頃にはマンションを売って、保育園が近い阿佐ヶ谷に猫の額ほどの土地に建てられた小さな一軒家を買った。娘が生まれ、家族そろってのアメリカ留学から帰国した後はその家を売却し、今度は子どもたちの学校が近い吉祥寺に広い庭付き二階建て賃貸住宅を見つけて転居した。

子どもたちが巣立った後は、会社勤めの妻とまた二人暮らしに戻ったため、僕がニュースキャスターを務めていたテレビ局に隣接した都心の賃貸マンションに引っ越した。

こうして振り返ってみると、まったく落ち着きのない人生だが、同居家族の増減や学校、職場に合わせて住まいを移ってきたわけだから、大学生時代にアメリカで学んだことを実現できたと思っている。

マルチ・ハビテーション（複数の住居）という選択

50歳を超えてからは、残りの人生をどう生きていくのかを本気で考えるようになった。自分の人生にとっていちばん大切なことは何なのか。それには今住んでいる場所はベストなのか。いろいろまた考えた。もともと僕は、どちらかといえば住宅ローンに縛られず自由に移動でき快適な環境をすぐに実現できる賃貸派だったが、いわゆる「終の棲家（ついのすみか）」を意識するようにもなったのもその頃からだ。

ヒントになったのはガーデンシティ（田園都市）構想だった。ガーデンシティ構想とは「都市の利便性と田園の風致を結婚」させて、自然と共生した人間らしい生き方ができる都市を造ろうという考えで、イギリス人都市計画家エベネザー・ハワードが189

8年に提唱したものだ。

ヨーロッパの国々では平均的所得の家庭の多くが、都市の住まいとは別に郊外にウィークエンドハウスを持っていることを知ったのもその頃だった。

そのきっかけは北欧を取材中に出会った中年夫婦の話。毎週末、郊外の別宅で過ごすという。さぞかし裕福なのだろうと思いきや、収入はごく一般的な中流家庭程度。「都会は仕事の場所。週末は郊外で自然に触れて、人間らしさを取り戻すのだ」と。

平日は仕事のためコンクリートジャングルの都市で生活しているが、週末には車で1時間ほど離れた郊外のウィークエンドハウスで自然を楽しんで人間らしさを取り戻すという。休暇中だけに使う贅沢な別荘ではなく、都市と郊外に一年中使う自宅が2カ所あるという考え方だ。生活スタイルはいたって質素で、「今週末は玄関のドアのペンキを塗り直すんだ」とか「庭の菜園の果物が収穫時期で忙しい」という話を聞いて、とても羨ましくなり、僕も真似をしようと思った。

帰国してからさっそく「マルチ・ハビテーション（複数の住居）」作戦開始。東京に自宅がある僕が、最終的にウィークエンドハウスの場所に選んだのは軽井沢だった。東京から新幹線で1時間あまり、車でも2時間弱という抜群のアクセスのよさ。そして緑豊かな自然とゴルフ場があったからだ。さらには日本の政財界、文化人、芸術家などが集う人脈の面白さもある。首都から1時間圏内でこれだけそろった場所は、世界中でもそうそう見当たらない。

「軽井沢に家を建てよう」と初めて妻に切り出した時はさすがに当惑したようだったが、現地で大好きなこぶしや山紅葉などの林を見た途端に笑顔に変わった。こうして夫婦の終の棲家ができ上がったのだ。10年ほど前のことである。

今も東京と軽井沢の2つの「自宅」を愛犬とともに頻繁に行き来している。お陰で、都会の利便性と自然の恵みの両方を享受でき、古くからの友人や知人との関係が途切れることもないし、新たな人間関係に煩わされることもない。やる気さえあればこんな選択も可能だ。

軽井沢に行くとよく眠れる

庭園学の第一人者である進士五十八《しんじいそや》先生によると、生き物や自然と疎遠にさせられた都会人は、自然とのふれあいを求めて庭、ガーデンを造るのだという。

ガーデンはもともと防衛するという意味のガン（gan）と、悦び、楽しみという意味のエデン（eden）の合成語。つまり、ガーデンは人間にとって安全で快適な理想世界なのだ。都心から通勤圏にある軽井沢は、まさにそんなガーデンだから都会人は引き寄せられるのだろう。

蛇足ながら、軽井沢ではよく眠れる。ゴルフ三昧ということもあるが、健康維持にじつによい。

日本人は先進国の中でもっとも眠りの短い国民だといわれている。ある調査では、日本人の平均睡眠時間は7・6時間、イギリスは8・5時間、アメリカ8・3時間、カナダ8・2時間、だそうだ。長生きには十分な睡眠が必要だ。アメリカでの研究では、寝ている間に成長ホルモンが分泌され、そのホルモンが若返り因子（IGF－1）の分泌を促進させることがわかってきたという。

ちなみに、物事を深く考える人は脳を酷使するため、回復には浅く長い睡眠が必要なのだそうだ。しかし、長い時間ベッドから離れられないあなたが物事を深く考えているとは限らない。逆は必ずしも真ならず。

地上の楽園の現実

ところで、地上の楽園といわれて、あなたがまず思い浮かべる場所はどこだろうか。フランス人画家ポール・ゴーギャンなら間髪を入れず、南太平洋の島タヒチと答えただろう。亡くなった作家の森村桂さんはニューカレドニアに違いない。なにしろ彼女にとって、ニューカレドニアは『天国にいちばん近い島』だったのだから。

半世紀前の〝進歩的〟知識人の多くは、驚くなかれ北朝鮮と答えていた。身分差別がなくて国民全員が協力し合って暮らしている理想郷だと固く信じ込んでいたからだ。聞いて極楽見て地獄とはまさにこのことだろう。

先日、フリーのジャーナリストY氏と会食をした際に同じ質問をしたら、彼の答えはブータンだった。ブータンはヒマラヤ山脈の東端にありインドと中国と国境を接している小さな王国である。大きさは九州ほどで、人口はわずか80万人。近代に至るまで鎖国に近い政策をとっていたため、豊かな大自然と昔ながらの風習が残っており、いかにもゆったりとした仏教国である。男性は日本の着物に似た「ゴ」、女性は「キラ」という民族衣装を纏い、アーチェリーの名手が多い。なぜならアーチェリーはブータンの国技だからだ。

話が進むにつれてなんとも興味深い国であることがわかってきた。なんといってもまず驚いたのは、自由恋愛でみなさん恋愛上手だという話。一夫多妻、一妻多夫、多妻多夫もオーケー。ただし前の配偶者の許可がいるのだそうだ。いわゆる夜這いの習慣も残っているという。

家督は娘が継ぐため女性の地位が高く、離婚する場合は家長である妻が夫を追い出すことが多いとのこと。想像するだけでも愉快である。といっても、近年ではさすがに一夫一婦制が広まりつつあるのだそうだ。

ちょっと残念な気がするのは、妻の顔色を覗いながら生活している小生の羨望からだろうか。それはさておき、ぜひとも知っていただきたいのは16歳で即位した現国王（四代目）ジグミ・シンゲ・ワンチュクの優れてユニークな政策である。近代化のスピードをじつにうまくコントロールしながら、独自の立場や伝統を維持している。

国民は民族衣装着用が義務化されている点は窮屈そうだが、経済発展の物差しとして一般的な国民総生産（GNP）ではなく、国民総幸福量（GNH）というユニークな指標を採用しているため、国民の間に不平不満が少ないそうだ。環境政策も行き届いている。心が豊かなのだ。「幸福の国」として世界で知られているのも頷ける。国民の福祉よりも国家の経済発展に猪突猛進し、今では格差が社会問題となっている日本とは雲泥の差である。

さらに、健康増進のために2017年12月17日から全国でタバコの販売をいっさい禁止し、世界初の禁煙国家となった。愛煙家諸氏には辛い仕打ちかもしれないが、私利私欲よりも国民の利益と幸福を最優先する指導者の姿には爽やかささえ覚える。日本の首相や政治家たちは、この小国の気高き国王の志を少しは見習ったらどうか。

ただブータンでも困っていることがあるそうだ。それは数年前にテレビが一般家庭に解禁されてから、窃盗・強盗・麻薬・殺人などの犯罪が急激に増え始めたことだ。調査によれば、親の3割が子どもと話すよりテレビを見ることを好み、半数以上の子どもが一日に12時間以上テレビを見ているという。

直接の因果関係が証明されたわけではないが、メディアの普及で家庭崩壊が進み、「地上の楽園」が崩壊の危機にあるとしたら、マスメディアに身を置くひとりとして申し訳ない気持ちだ。

第4の選択

必要のないものにカネを使う

江戸時代の隠居の道楽とは

男には、周囲の人から、どうしてそこまでのめり込んでしまうのかと不思議がられる趣味のひとつやふたつはあるはずだ。

子どもの頃から乗り物が大好きで、大人になっても鉄道から離れられない鉄道マニア。たかが河川敷の草野球なのに足を止めて夢中で観戦してしまう野球馬鹿。プラモデル、ガラクタ収集、ゴルフ、囲碁、将棋、音楽、絵画などなど。果ては、昆虫の神経節なんてものにはまってしまった奇人変人の部類の友人もいる。

そんななんの役にも立たず得もない道楽に熱中になっている男の姿に、世の女どもは呆れかえっている。だがそこで怯んではいけない。無駄は文化の源泉なのだ。なんの役にも立たないことにどっぷりとのめり込み、それを愉しむ心のゆとりこそ、ネオシルバーに似つかわしい。

江戸時代の隠居の道楽は「一に園芸、二に魚釣り、三に研究・創作だった」と、亡くなったコラムニストの天野祐吉さんがご自身のブログで書かれていた。一と二はまあまあ普通だが、究極の道楽は三の研究・創作だという。

そんな究極の道楽を愉しんだ代表的な人物としては、歌川広重、平賀源内、井原西鶴、伊能忠敬、松尾芭蕉などがいた。人生50年の時代だから、53歳で隠居した伊能を除けば全員20代から30代半ばの若さで道楽生活に入っている。こういう洒脱な〝ご隠居〟たちの道楽が、江戸の華麗な文化を生み出す原動力の一部になったのだ。

無駄話、無駄な趣味、万歳！

その天野さんと同じく亡くなったジャーナリストの筑紫哲也さん、そして僕の三人で「大人から幸せになろう」というテーマで、青山スパイラルホールに集まって鼎談したことがあった。仕掛け人は、同世代でいつもバイタリティ溢れる残間里江子さん。有料イベントにもかかわらず３５０席ある会場は満席になった。

そこでおもむろに天野さんが披露したのは、なんとも仰天な「あんこ理論」だった。「こしあんの好きな男性の下着はトランクスで、つぶあんを好む男性はブリーフをはいている！」

これには客席大爆笑。そこで壇上の筑紫さんと僕が証言に立つことになった。僕はどちらかといえばつぶあんのほうが好き。筑紫さんはこしあん派だった。さて注目の下着はどうだったかというと、僕がブリーフ、筑紫さんがトランクス。「天野理論みごと的中」で、会場はまた爆笑と拍手の嵐となった。

じつにたわいもない話である。もちろん科学的根拠などあるわけがない。天野流のエスプリである。しかし、そんな無駄話に耳を傾け笑い飛ばすことができるのが、知的なネオシルバーの隠居力だ。無駄な趣味、万歳！

天野さんはこしあん派だったから、きっと天国でも、トランクスをはいているんだろうな。

美田は残さず、使ってしまえ

無形資産である文化への支出は、定年後の人生の歓びにつながる。惜しみなくカネを使おう。

どうせあの世にはカネは持って行けない。西郷隆盛の遺訓として有名な「子孫のために美田を残さず」という言葉もあるではないか。下手に財産を残して死ぬと、それを相続した子どもは遺産に頼った生活を送ることになり、自分でなんの努力もしなくなってしまう。だから、美田は残さずに、自分の代で使い切ってしまおうということだ。日本人は、残念ながらこれが上手にできていない。

戦後の驚異的な高度経済成長のお陰で、日本人は経済的に豊かになってコツコツとカネも貯め込んだ。だが、人びとの心は荒み、文化の崩壊が拡大してきた。その姿はいにしえのカルタゴと酷似している、と東京大学名誉教授の月尾嘉男さんは指摘している。

カルタゴは紀元前814年にアフリカ大陸の北岸、現在のチュニジア周辺に建国された伝説の王国だ。貿易国家として地中海沿いの各地に多数の植民地を建設するほど繁栄していたが、紀元前146年に滅亡している。理由は国民が金儲けだけに血道を上げて、政治、文化、倫理などの進歩をめざす努力を怠ったからだという。カルタゴの悲劇は経済活動にあったのではなく、それ以外のものを何も追求しなかったことだ。

精神文化の衰退が国家を滅ぼす。そろそろ経済大国なんていかがわしいものに見切りをつけ、江戸時代のような文化大国の復興にエネルギーを注いではどうか。その時に主役となるのは、人生の酸いも甘いも知り尽くした定年後のあなたのネオシルバー隠居力だ。隠居はこれからが忙しいと覚悟しておいたほうがいい。

1枚の絵を見るために海外へ行くのもあり

道楽としての僕の〝研究・創作〟は、中年になってから狂おしいほどのめり込んでしまった深遠なるゲームであるゴルフを除けば、アートである。

といっても、自ら絵筆を持って描いているわけではない。高校3年生の時に突然画家になろうと思いつき、にわか仕込みで東京の美術大学を受験したが、当然のごとく門前払いされた。自分の画才のなさと絵を売って儲けようという浅はかな了見を恥じてその道をあきらめた。

ところが50歳を過ぎたある日、懇意にしていた画廊の主人からひとりのアメリカ人画家を紹介された。ロバート・ハインデル。躍動するバレリーナの姿を描いて「現代のドガ」と賞賛されている人物だ。彼の作品をひと目見た時、僕の中で眠っていたアート心が目を覚ました。以来、気に入った作品を購入させてもらい、今や我が家の壁はハインデルで埋め尽くされている。好きな画家の作品を間近で見られることは至極の歓びだ。ゴルフ仲間でもある画廊の主人には今も感謝している。

オランダ人画家フェルメールとの出会いも半ば偶然からだった。きっかけはフェルメールの代表作『真珠の耳飾りの少女』とまったく同じタイトルの小説を読んだことだった。モデルの少女の中年既婚者フェルメールに抱く淡い恋心が、じつに耽美的に描かれていた。

「これはもう実物の絵を見に行くしかない」と思った。思ったらすぐに行動しなければ気が済まないのが性分だ。気がつけばアムステルダムのマウリッツハウス王立美術館の前にいた。原画と初めて対面したその時の感動は、今でも忘れられない。

1枚の絵を見るために旅費や滞在費を含めると100万円くらい使った。周りからは馬鹿とか酔狂とか、「その金でラーメンが何杯食べられると思ってるんだ！」と非難が集中したが、まったく後悔しなかった。金額以上の幸福感が得られたからだ。こんな暴走も時にはいい。

ただし、趣味はあくまで趣味の域に止めておいたほうが無難だ。

定年退職後、これ幸いと毎日のようにゴルフ場に通い詰めたゴルフ仲間がいた。「蟹瀬くん、毎日が天国のようだ！」

そう言って、嬉々として早朝から重いバッグを抱えて出かけていた。だが、歳を重ねるとともに飛距離が落ち、膝や腰が悲鳴をあげだして思ったようにプレーができなくなった。それからは毎日が憂鬱な日々。ある日、とうとうクラブを全部投げ捨て、二度とゴルフの話をしなくなった。過ぎたるは及ばざるがごとしとはこういうことを言うのだろう。

アートのある生活は人を幸せにする

「継続は力なり」ということがよく言われるが、まさにそのことを体現してくれたご夫婦がアメリカにいる。ハーブさんとドロシーさんだ。

郵便局の仕分け係だった夫ハーブさんと図書館の司書だった妻ドロシーさんは、1LDKの安アパートに住むつつましやかな公務員の夫婦だが、ふたりには共通の趣味があった。それは現代アートを収集すること。30年あまりかけて、なんと4000点もの現代アートのコレクションを築き上げたのだ。

彼らがコレクションを選ぶ基準が2つあったそうだ。

1. 自分たちの給料で買える値段であること
2. 1LDKのアパートに入るサイズであること

なんでもかんでも買い漁ったわけではないのだ。ハーブさんの審美眼は優れていた。気がつけば20世紀のアート史にその名が輝くような作家の名作が数多く集まった。投資だと考えれば、何万倍、いや何十万倍ものリターンを実現したことになる。その結果、彼らは億万長者になった。

このご夫婦の生活をドキュメンタリー映画に仕上げたのが『ハーブ&ドロシー』だ。

監督の佐々木芽生さんと先日お会いする機会があったが、本当に面白く幸せなご夫婦だと話していた。無欲の勝利とでも言うのだろうか。現在、彼らのコレクションはナショナルギャラリーなどの美術館に寄贈されている。

ルノアールやピカソの作品とは違い、現代アートは「好きか嫌いか」の世界だ。嫌いな人にはただのガラクタに見える作品に、好きな人が高値をつける。ハーブ＆ドロシーのような一攫千金は無理でも、アートのある人生はとても豊かな生活だと僕は思う。人生は短く、芸術は長し、だ。

アートのある生活は人を幸せにする。その価値は金銭では計れない。そのことにいちばん気がついているのは、第二の人生を歩み始めているあなたにほかならない。

好きな絵を見に行く、気に入った良質の音楽を聴きに行く。これらはすべて、コストパフォーマンスという側面だけで見れば、ただの出費でしかないかもしれない。だが、それ以上のものが無形の財産、つまり幸福感としてあなたの中に蓄積されていくのだ。そのためなら、今日が人生最後の日だと思って、大胆におカネを使ってもいいではないか。後はなんとかなるものだ。

学ぶことを止めてはいけない

19世紀のフランスの細菌学者ルイ・パストゥールは〝Chance favors the prepared minds.（チャンスは準備を怠らなかった者に訪れる）〟という有名な言葉を残している。

僕はこの言葉がとても好きで、機会があるごとに思い出すことにしている。講演でも話すことが多い。

乳酸菌や酪酸菌を発見したことや狂犬病のワクチン療法を生み出したことで知られるパストゥールは、じつは1856年に醸造家の依頼で発酵・腐敗の研究を始めている。その10年後にワインの腐敗を防ぐ低温殺菌法を発明したのだが、ある研究中に偶然ワクチン療法を発見したのである。

パストゥールは、準備を怠っている者には幸運の女神は微笑まないと断言している。彼のいう準備とは不断の努力にほかならない。仕事で必要だからとか、資格を取りたいからというわけでなくとも、興味があるという理由だけで英語を勉強している人がいると思う。あなたもそのひとりかもしれない。じつは、そうした姿勢がものすごく大切なのだ。

ある日突然、「年収5000万円であなたを雇いたい。条件は英語でビジネスができること」というオファーが舞い込んだとする。その時に英語力があればチャンスをものにすることができるが、話を聞いてから慌てて勉強を始めたのでは間に合わない。チャンスは準備を怠らなかった者に訪れるとは、そういうことなのだ。

もちろん英語だけに限った話ではない。音楽や絵画、ゴルフやスキーなど、学べるものならなんでもいい。

ゴルフが僕にもたらした素晴らしいチャンス

僕が初めてゴルフクラブを握ったのは50歳を過ぎてからのことだが、それが思わぬチャンスへとつながった。ゴルフコンペやプロ・アマ戦にお声がかかり、それまで会えなかったような政財界の大物たちや芸能人と知り合いになれたのだ。それだけではない。外資系大手ゴルフ会社の社外取締役にまで就任してしまった。

さらには、ゴルフ雑誌などからの原稿依頼も舞い込み、臨時収入が転がり込むようにもなったのだ。さらにさらに、ゴルフ界の帝王と呼ばれるあの伝説のプロ、ジャック・ニクラウスと都内のホテルで会食しながらインタビューする機会まで生まれた。人生で二度とないチャンスかもしれない。その日に入っていた予定をすべてキャンセルしてインタビューに臨んだ。

ジャックは一見気難しそうな表情をしていたが、お話をしてみると温和で機知に富み、なかなかの人格者だった。当時ゴルフ初心者だった僕が不遜にも「ジャックさん、手っ取り早くゴルフが上達する方法はありませんか」と尋ねたら、彼は口元に笑みを浮かべ、まるで先生が生徒に話しかけるように、次のような言葉を返してくれた。

「セイイチ、ゴルフに必要なものはふたつしかない。良いスイングと良い人格だけです」

両方とも持っていない僕は、その場でひれ伏したいほど恐縮した。

2005年に聖地セントアンドリュースのオールドコースで開催された全英オープンを最後に引退を表明した時、スコットランド王立銀行が彼のために5ポンド記念紙幣を発行している。僕が知る限り、あの頑固なスコットランド人がスポーツ選手のために、しかもアメリカ人のために、記念紙幣を発行した前例はない。ジャックの素晴らしい人柄とメジャー最多優勝18回という偉大な記録がそうさせたのだろう。

僕はさっそく、ジャックがトロフィーを抱えた姿が描かれているその紙幣を手に入れ、そのお札にサインをしてもらった。今や僕の大切な宝ものとなっている。ゴルフをやり始めて本当によかった。現在は、ジャックが設計した東京クラシッククラブ（千葉県）の創設メンバーのひとりとしてジャックと再会を果たし、専務理事を務めている。

それが何であれ、好きなものを極めれば60歳を過ぎても人の輪、仕事の輪はどんどん広がっていくのだ。残念ながら、イ・ボミ選手とはまだ会えていません！

直島で実感した自然とアートの大切さ

世界的に有名な建築家安藤忠雄さんとテレビ対談するために、瀬戸内海に浮かぶ直島を訪れる機会があった。

直島は香川県高松市の北13キロにある面積8平方キロ、周囲16キロという小島だが、日本書記にも登場する由緒正しき島で、崇徳《すとく》上皇が讃岐の国に流された際に島民の素直さに感動して直島と命名されたという。

戦後、銅精錬所の煙害で一面のハゲ山になったが、「よく生きる、自由に生きる」をテーマとした文化的な場所にしたいという町長と福武書店（現ベネッセ）創業者福武哲彦の熱意を受けて安藤さんがマスタープランを練り、30年がかりでみごとな現代アートの島に変貌した。人口わずか3000人の島に今では内外から年間40万人を超える観光客が訪れるほどだ。

直島で僕が実感したことは、人が生きていくためには自然とアートが水や空気のように必要だということだ。かつての財界人はそのことを理解していて芸術家のパトロンとして惜しみなくカネを使った。財をなした日本人はそのことをもう一度思い出すべきだろう。

それとも、金満バブルに踊らされて古き良き価値観を失った国民にはもう手遅れか。僕らの子どもの頃お馴染みだった光景に、薪を背負って歩きながら書を読む二宮金次郎（尊徳）少年の銅像があった。子ども心に偉いなと思ったものだ。その〝立派な〟像が全国の小学校から次々と撤去されているという。

理由を聞いて呆れた。「ながら歩きは危険だから」だというのだ。最近では「歩きスマホを誘発する」なんて声もあって、栃木県日光市の小学校では代わりに「座って本を読む金次郎」の像が設置されたそうだ。馬鹿もここまできたら手の施しようがない。「勤勉の精神が現代に合っていない」という声もあったようだが、無理解も甚だしい。幾多の苦難を乗り越えて六百余の寒村を立て直した二宮尊徳の功績は現代でも高く評価され、渋沢栄一や松下幸之助、稲盛和夫などの経営者にも大きな影響を与えている。

「尊徳のことをまるで知らない人が日本にあったら、日本人の恥だと思ふ」とまで文豪武者小路実篤が評したくらいだ。人心が荒廃した今こそ忘れてはいけない日本の偉人のひとりだ。

そもそも二宮金次郎少年が歩きながら本を読んでいたという史実はない。二宮尊徳の伝記である『報徳記』には、薪を背負って歩きながら勉強した内容を「諳《そら》んじる」とある。つまり、手には何も持たず暗唱しながら歩いていたのだ。金次郎の面倒を見ていた伯父が、「おまえが勉強してなんの役に立つのか。そんな無益なことをするより、深夜になるまで縄をなって家事を手伝え」と金次郎の読書を嫌ったからだ。

後年、勤労・勤勉のコンセプトが子どもたちにわかりやすいようにと本を持った姿に変えられたようだ。いわゆる蛇足というやつだ。カネの使い道だけでなく知恵の使い方も忘れている。

第5の選択

食べたいものを食べる

てきた。

奪われた快楽を取り戻せ

人間はなんのために食べるのかと退屈しのぎに大学で学生に質問したら、「生きていくエネルギーを補うためです」という、まるで栄養ドリンクの宣伝のような答えが返ってきた。

間違いではないが、大学生にもなってその程度の答えしかできないのは、日本の教育の文化度の低さを象徴している。それなら美食もミシュランの星も存在する意味がないではないか。養豚場の豚のように決まった餌を毎日食べていれば済むことだ。生存欲求を満たすだけでは満足しなかったところに、人類の文化の始まりがあるのだ。

太古の昔、人間は煮たり焼いたりして料理をすることを覚えた。その温かい料理のお陰で脳が進化し文明を築き上げることができたという「料理仮説」さえある。食に一家言あるフランス人ならエスプリを利かせて「快楽のため」と答えるに違いない。

日本の中高年男性諸氏はそんな快楽をすっかり奪われてしまっている。健康診断をするたびに中性脂肪や尿酸値、それに血糖値も高いから食事制限をしろと医者に脅され、妻の厳しい視線の監視下に置かれているからだ。炭水化物を減らし、もっと野菜を食べて、もっと運動せよ、と。善良で心優しいあなたは、泣く泣く大好きだった血の滴るステーキや脂ぎったトンカツはもちろんのこと酒やビールもがまんする。なんと不幸な人生か。そのうえ、最近ではスマホで懇切丁寧に食生活管理をしてくれる有料サービスまで現れた。

余計なお世話である。すべては健康のためだというが、健康のためなら死んでもいいと言わんばかりの勢いである。優先順位が逆転している。

老後は忍耐よりも快楽が優先だ。「健康のため」とされる節制が、かえって老化のスピードを加速させる。「がまん」ばかりの消極的な生活を送っていては、老け込む一方なのだ。人間は身体に必要なものを「美味しい」と感じる。「美味しいもののほうが身体も心も老化させない」と、精神科医でアンチエイジングに詳しい和田秀樹さんも著書に書かれている。脅しの張本人である医者はちゃっかり銀座で高級肉とワインで舌鼓を打っているではないか。

食べたいものを食べて、人生を愉しむフランス人

僕はアメリカのメディアだけでなく、ＡＦＰというフランスの通信社の記者も10年ほど務めたことがある。じつは、芸術と美食の国フランスは日本と肩を並べるほどの長寿

大国だ。平均寿命は男性75・3歳、女性85・4歳（フランス国立統計経済研究所2016年）。

ところが、彼らが好む食事は、お肉はもちろんのことバター、チーズ、クリームなど飽和脂肪酸がたっぷり。昼間からワインを楽しんで酒量も多い。世界保健機関（WHO）の調査によると、日本人の成人一人当たりの年間純アルコール換算消費量が約8リットルに対してフランス人は13リットル強。それにもかかわらず心臓疾患など生活習慣病の死亡率が低い。いわゆるフレンチ・パラドックス（逆説）といわれる現象である。

こう言うと、赤ワインには血液をさらさらにするポリフェノールが含まれているからだと物知り顔で解説する人がいるが、俗説の域を出ていない。

フランス人の長生きの本当の理由は、何を食べているかではなく時間をかけて食を愉しんでいることにあるのだと僕は思う。

政府機関の調査によれば、料理の内容より家族や仲間と食卓を囲む時間を大切にしている。また、余暇を大切にしてストレスの少ないライフスタイルを心がけている。さらに言えば、病気の早期発見・早期治療につながる優れた医療制度もある。つまり、食べたいものを食べて、人生を愉しむ生活習慣がフランス流健康の秘訣なのだ。

「料理は自然から文化への移行を示すのみならず、料理により、料理を通じて、人間の条件が定義されている」と、フランスの偉大な文化人類学者クロード・レヴィ＝ストロースは大著『神話論理』（みすず書房）で分析している。どうりで生きるために食べるオランダ人と違って、フランス人は食べるために生きているといわれるわけだ。ビバ、フランス！

我々も退職後はフランス人よろしく深遠なる食文化に敬意を払って、朝から脂ぎったベーコンと目玉焼きを食べようではないか。もちろん納豆、焼き魚、のり、香の物、卵かけご飯でもかまわない。昼には大好きなボロネーゼ・スパゲティにチーズをたっぷりかけよう。夜は血の滴るステーキだ。赤ワインがあればなおさらいい。おっと、それはやりすぎか。そんなことをしたら次の健康診断の結果が怖い？　心配ご無用だ。そんな時のために医者はあなたに山ほど薬を処方してくれている。

それに、日本では肉などのタンパク質摂取不足による高齢者の栄養失調が問題になっているというではないか。粗食より肉食老人のほうが元気な人が多いと感じているのは、僕だけではあるまい。

そんな無謀なことはできないという心優しい良識派のあなたは、もちろん医者や専門家の指示に従った食事をすればいい。サラダなどの野菜料理をまず食べ、次に肉や魚のメイン、そしてご飯、果物という懐石料理の順番のように食べる。カロリー制限をして炭水化物はほどほどに。お肉は牛ステーキよりも脂肪分の少ない鶏の胸肉。お酒は控えめにビール小瓶1本かワイングラス1~2杯。オランダの歴代最長寿で115歳まで認知症の症状もなく生きた女性ヘンドリック・ヴァン・アンデル・シッパーが毎日欠かさず食べていたのはニシンとオレンジジュースだったそうだ。じつに健康的だ。

コーヒーもケーキもがまんしない

とにもかくにも、今の世の中は怪しげな健康情報で溢れている。最近、僕がいちばん腹立たしく思ったのは、コーヒーに「発がんリスク」があるというニュースだ。僕はこよなくコーヒーを愛する人間のひとりで、一日に5杯から多い時は10杯くらいは飲む。あのほろ苦い味わいとアロマがたまらないからだ。コーヒーのない人生なんて、「クリープの入っていない○○のようなもの」だ(この森永乳業のコーヒー用粉末クリームのCMを知っている人はほぼ同世代です!)。

ことの発端は、2010年に「毒物に関する教育研究評議会」(CERT)というカリフォルニア州の非営利団体が、コーヒー生産者、流通業者、小売業者91社を相手に訴訟を起こしたことだ。コーヒー豆を焙煎する際に生じる「アクリルアミド」という化学物質に晒されることを警告しなかったからだという。

それを受けて、2018年3月28日、カリフォルニア州上位裁判所が「カリフォルニア州でコーヒーを売る場合、発がん性のリスクを警告するラベルを表示しなければならない」という判決を下した。馬鹿も休み休み言え！

アクリルアミドは、穀物や野菜類などに含まれるアミノ酸と糖類を120度以上の高熱で加熱すると起きる「メイラード反応」と呼ばれる化学反応で生じるが、科学的にがんを引き起こすかどうかの結論は出ていない。メイラード反応によって生まれるのは良い香りと味だ。こんないい加減な判決でコーヒーをがまんする必要はない。

これまでの研究では、コーヒーがある種のがん、2型糖尿病、肝臓病、パーキンソン病などの慢性疾患の予防になる可能性が発表されている。それだけではない。コーヒーには長生きの効果があるという研究結果もあるではないか。

他人の意見に左右されやすいのは、自分を低く評価する人に見られる特徴だ。あなたのような人生経験豊かなネオシルバーは、自分の判断について確固たる信念を持つべきだろう。

僕はコーヒーを飲み続ける。カリフォルニア州のお馬鹿な判事の判断だけで止めるつもりは毛頭ない。用心ばかりするようになったら歳を取った証拠だという言葉もある。そもそもカリフォルニア州ではプロポジション65として知られる「安全飲料水および有害物質施行法」が1968年に成立して以来、なんでもかんでも発がん性物質にされてしまう。

コーヒーは世界で愛されている立派な文化だ。その起源にはいくつもの伝説がある。ひとつは、その昔アラビアのモカ（現イエメン）で王の娘に恋をして追放された祈祷師が山中で元気の出る木の実を見つけたという伝説。もうひとつは、アビシニア（現エチオピア）起源説。山羊が潅木の実を食べると騒がしく興奮状態になることを不思議に思った山羊使いが、近くの修道院の院長にこのことを知らせた。弟子たちの居眠りに困っていた院長がさっそくこの実を茹でて飲ませたところ、ひとりも居眠りをしなくなったという。

どちらも真偽のほどは不明だが、お陰で我々は香り高いコーヒーを楽しめるようになったのだから、文句を言う筋合いはない。豊かな香りが気持ちをゆったりと落ち着かせてくれるとともに、含まれているカフェインがしばし眠気を吹き飛ばしてくれる。がまんする気にはとうていなれない。

「がまん」がストレスになると老化が進む。たまには羽目をはずして好きなものを食べたり飲んだりしても罰は当たらない。ネオシルバーには、ゆっくり時間をかけて愉しむフランス流が似合っている。極上のケーキ屋を見つけたら、血糖値など気にせず列に並んでも買おう。ちなみに、僕は虎屋の羊羹が大好物です。

第6の選択

医者や子どもより、友人と会う

医者や病院には必要以上に近づかない

高齢になればなるほど病院通いが多くなる。目が疲れる、膝が痛い、腰が痛い、血圧が高い、血糖値が高い、目眩がする、夜眠れない、夜のお勤めが辛いなどなど理由は様々だが、それが当たり前だと思っているとしたら、ただちに考え直したほうがいい。医者の仕事は病気を見つけることだからだ。見つからなければでっち上げる。

あなたの肺にまったく異常がなくても「陰のようなものが少し見えますから、念のため検査しておきましょう」といった具合だ。

古いポンコツの中古車と同じで、高齢者のあなたには常に点検・修理が必要だと思わせれば大成功なのだ。経営的には、患者が病気のままできるだけ長く生き続けてくれることが、いちばん都合がいい。

もちろん、医者がみんなそんな腹黒い悪党だというつもりは毛頭ない。誠心誠意、患者さんの健康を気遣ってくれる医者もたくさん知っている。

僕自身も主治医に定期的に診てもらっていたお陰で、がんが早期に発見されて命拾いしたひとりだ。僕の場合は胃がんだったが、膵臓がんは「サイレント・キラー」と呼ばれていて、腰や背中の痛みの症状が出た頃にはすでに転移していて手遅れの場合が多いという。しかし、だからといってあまりにも頻繁に検査を繰り返し「特別診療」と称して高額な検査料を請求したり、これでもかと山ほど薬を処方したりする医者には気をつけたほうがいい。

花粉症などはいい例だ。毎年春から秋にかけて起こり、くしゃみや鼻水、涙など止まらず辛い。僕も経験がある。長年苦しんだ同世代の友人はある年、思い切って医者から処方された薬を止めた。その代わりに柑橘系の果汁を小さなショットグラスに毎日一杯ずつ飲み始めたのだ。するとなんとびっくり、症状が劇的に改善した。それ以来、花粉症の季節でも医者いらずで快適にゴルフを楽しんでいる。

僕の場合はヨーグルトとバナナを毎朝食べ続けていたら、鼻が詰まって寝るのも苦しかった花粉症の症状がいつの間にか消えてしまった。友達にそれを話したら、間髪入れずに「蟹瀬、それは加齢のせいだ。高齢になると免疫反応は弱くなるからな」と笑われた。僕はまだ68歳です！

高齢者になると誰しも自分の健康が気になるのは仕方のないことだ。老化しているのだから。だが、だからといって頻繁に病院に足を運び、気がつけば待合室が似たもの同士の社交場になってしまうのは誰が見ても健康的ではない。「○○さん、最近病院にこないね。具合でも悪いのかしら」なんていう定番の冗談があるくらいだ。そんなことをしていたら、身体だけでなく心も老化する。

医師や病院には必要以上に近づかないことが長生きの秘訣なのだ。僕の知り合いに、ある有名企業の社長・会長職を務めて引退し、80歳を超えても凜としてダンディな方がいる。定期検診に行くたびにいっぱい薬をもらって帰ってくるが、そのままゴミ箱に捨てているそうだ。「この歳になって、食べたいものも食べられず、薬漬けになるのはごめんだ」と。真似をしろとは言わないが、そんな生き方もある。彼の健康法は毎週1回のテニスだ。お相手は美人テニスコーチ！　そりゃあ、薬より元気になるわけだ。

身内といえども油断大敵

距離を置くということでは、妻や子どもとの関係も同じことがいえる。定年退職して自由な時間が一気に増えると、身内との関係があなたの気持ちに大きな影響を与えるようになるからだ。

アメリカでの調査では、結婚している退職者のほうが未婚の退職者よりも人生の満足度が高いという結果が出ている。だが、それはあくまで夫婦仲がよい場合に限るという条件付きだ。当たり前だろう。犬猿の仲になった夫婦がひとつ屋根の下にいる時間が長くなればなるほど、噛み傷、ひっかき傷、打撲が絶えない。しまいには骨だけでなく、心も折れて不幸が倍増する。「亭主元気で留守がいい」というのが、世の元気な奥様方の本音なのだ。医者同様に適度な距離を保つのが得策だ。

ちなみに、この「亭主元気で留守がいい」という言葉は、キンチョー蚊取り線香でお馴染みの大日本除虫菊株式会社のテレビコマーシャルから広がったそうだ。調べてみたら1986年の流行語に選ばれていた。

同居しているか、近くに住んでいる子どもたちも要注意だ。いまどきの子どもは親の財産はあてにしても、本気で老後の面倒を見る気など雀の涙ほどしかない。体よく孫の無料ベビーシッターに利用され、腰を痛めて疲れ果てるのが落ちである。その後のマッサージ治療代がこれまた高くつく。

愛情と教育費を惜しみなく注いで育てたあなたの子どもたちは、高齢者となったあなたのことをいつも気にかけてくれていて、家族としての愛と交わりを続けている。そうあって欲しいが十中八九幻想だ。あてにしてはいけない。

朋友は定年後のベストパートナー

素晴らしき第二の人生を後悔せずに愉しく過ごさせてくれる相手は他にいる。それは気心の知れた男友達だ。妻や子どもと違って、莫逆の友となら趣味の話から政治経済、果ては若き頃競いあったマドンナから猥談まで、何時間でも時を忘れて語り合える。こんな愉快なことはない。だから、昔から朋友は六親に叶うというのだ。

ゴルフもいい。ゴルフ場はかつて男の砦だった。だからゴルフは〝Gentlemen Only, Ladies Forbidden（紳士のみ、女性禁止）〟の頭文字をとったといわれている。もちろん、誰かが思いついたジョークだが、男の本音をズバリ言い当てているではないか。本当の語源は、中期オランダ語で「こん棒」という意味だという説と、スコットランド語で「打つ」という言葉に由来するという説がある。

かつての「イブのいない楽園」も時代とともに男女同権運動のアマゾネスたちの前にひれ伏し、1867年にはゴルフの聖地に女性専用コース「セントアンドリュース・レディース・ゴルフクラブ」が誕生している。それもまた良しとしよう。

友のいないあなたには

では、不幸にして、老後をともに愉しむ親しい友達がいないあなたはどうすればいいか。心配ご無用である。犬を飼えばいい。なぜなら、犬は①あなたの欠点を覚えていない。②あなたを決して裏切らない。③大小にかかわらずあなたを守ってくれる。④あなたの気持ちがわかる。⑤毎日の散歩で健康を保ってくれる。⑥いつも一緒に食事をしてくれる。⑦正しい生き方を教えてくれる。

朝起きて挨拶し、走り回って遊び、食べて、寝て、遊んで、食べて、また寝ればいい。やっぱり「犬は人間の最良の友」だ。僕も毎日、愛犬に教えられている。もっとも犬から見た我が家の序列は妻、犬、僕という順番だ。いつも散歩してウンチも拾ってやっているのに、情けない。

それでも僕は、我が家の10歳になるトイプードル「白米（はくまい）」を家族以上に大切に思っている。だから犬を殺す奴は許せない。

『犬を殺すのは誰か』（朝日新聞出版）という、思わずドキッとするようなタイトルの本の解説を書いたことからすべては始まった。著者は雑誌『アエラ』の記者だった太田匡彦さん。まず僕が思い浮かべたのは「犬殺し」だった。かつて警察署の指導下で野良犬を殺処分していた業者のことで、今では侮蔑語として使われていない。殺処分は当時は狂犬病予防のためという大義名分があった。

その後、様々な対策がとられ、国内では1950年代以降、狂犬病の発生はない。それなのに今でも年間8万匹を超える犬が自治体に引き取られ、そのうち約4万5000匹が殺処分されている。平日毎日約200匹。愛犬家のひとりとしてなんとかしたいという思いから、太田さんを中心に動物愛護に関心の高い仲間たちとともに「TOKYO ZERO」というキャンペーンを立ち上げ東京都庁で記者会見を開いた。

世界の注目を集めるオリンピックは、開催国の文化成熟度を示す機会でもある。東京も高い文化成熟度をアピールして2020年大会の招致に成功したが、動物愛護の観点からは前述の数字が示すように日本はまだまだ後進国だ。ぜひ2020年までに犬猫の殺処分をゼロにしたい。それは現代社会で失われつつある他者への思いやりを呼び起こすことや、最近ビジネス界で叫ばれるダイバーシティ（多様性）にもつながる。

では、どうすれば殺処分がなくなるのか。ドイツがいい例だ。ドイツには500カ所もの動物保護施設があり、保護された動物たちが自然の溢れる広々とした敷地内でゆったりと暮らしている。その98％に新たな飼い主が見つかり、残った動物も最後まで飼育施設で面倒を見てもらえるそうだ。

その背景には国を挙げて動物を守る強い意思と行動があり、犬の飼い主には犬税が課せられている。ブリーダーや流通業者に対する規制も厳しく、徹底した情報公開がおこなわれている。

少子高齢化が進む日本では、数年前から15歳未満の子どもの数（1665万人、2012年）よりもペット犬猫の数（2128万頭）が上回るようになった。今やペットビジネスは成長産業と位置づけられ、儲けのためには犬の命を商品として扱う業者が跋扈している。商品価値がなくなれば殺処分というわけだ。

吠える、高齢犬、転居など人間の身勝手な理由で、犬を捨てる飼い主も後を絶たない。「犬の殺処分の問題を追うことは、人間社会の大きな理不尽に向き合うことだ」という太田さんの言葉は重い。あなたも定年後は「TOKYO ZERO」に参加して人間のベストフレンドを守るというのはどうか。

第7の選択

忙しい日課を続ける

キョウイクとキョウヨウ

毎日が日曜日。目覚まし時計など気にせず、ティーンエイジャーの頃のように昼頃まで惰眠をむさぼって、おもむろに起きたら新聞でも読みながら目玉焼きとクロワッサンを食べる。風呂に入るのもいい。そしてご近所をぶらぶらと犬を連れて散歩。なんと優雅な日々だろう。

しかし、そんな日々が幸せだと感じられるのは長くても1週間程度だと覚悟しておいたほうがいい。月月火水木金金でスケジュールに追われながら忙しく働いてきたあなたにとって、なんの予定もなく過ぎる時間がいかに空しく苦痛に満ちているかということに気づかされるからだ。ほどなく自分自身の存在の軽さに耐えられず、不安と虚無感に苛まれる。俺はなんのために生きているのかと。

累計1200万部を超えるという超ベストセラー『頭の体操』(光文社)シリーズの著者として知られた多湖輝さんは「定年後に必要なのはキョウイクとキョウヨウだ」と著書『100歳になっても脳を元気に動かす習慣術』(日本文芸社)に書かれていた。なるほど、定年退職後は生涯教育と一般教養が大切なのだと納得していたら、そうではない。「今日、行くところがある」と「今日、用がある」だと。

何も用事がなく、どこにも行く当てがない毎日は張り合いがない。定年退職後も以前からの日課をできるだけ続けることが、老後を生き生きと過ごす秘訣なのだ。このユーモラスな言葉が高齢者の共感を呼んで、世間で瞬く間に広がったのも頷ける。多湖さんもじつは100歳近い翁に教わったそうだ。

90歳で亡くなられた多湖さんは常々「ユーモアは元気で長生きの原動力」とおっしゃって笑顔を絶やさなかった。好奇心が旺盛で、心理学を志したきっかけも、理性的なドイツ人がなぜヒトラーの単純なロジックにころりと騙されたのか探りたかったからだという。

「僕は、もう賞味期限切れだね」と言いながら多趣味で、晩年も忙しくされていた。毎夏訪れる軽井沢のゴルフ場クラブハウスに1枚の油絵が飾られている。ある時、作者は誰だろうと好奇心にかられて近づいてみたら多湖翁だった。

仕事を通じて刺激を受けることの意味

定年退職したら好きな趣味だけやるぞ、という人はもちろんそれでもいいが、あなたや僕のように仕事が好きなら、できるだけ長く働いたほうが楽しく健康的な老後が過ごせるはずだ。

今や人生100年の時代である。「余生」は生涯の残りの部分という意味だが、その期間がじつは想像しているより長い。油断していると120歳まで生きてしまう。大金持ちでもない限り、おカネはいくらあっても足りない、かもしれない。そんな漠然とした将来不安は誰にでもあるものだ。だが、よほどのことがない限り、あなたが恐れているようなことのほとんどは実際には起きない。とりあえず、雨露しのげる持ち家があれば大丈夫だ。

僕が住んでいる都心のマンションの住民の中に87歳になる人生の大先輩がいる。さすがに髪は真っ白で、少し背中が丸くなっているが、いまだにとてもお元気で5つの企業の顧問をされているそうだ。先日、エレベーターでばったり出会ったら、「蟹瀬さん、私はまだ毎日、会社に行ってますよ。やっぱり仕事がなくなったら、おしまいですからね」と言って破顔一笑されていた。

仕事だけではない。昨年夏にはモーツアルトの生誕地であるオーストリアのザルツブルグで毎年開かれる音楽祭の会場で偶然、夫婦で一緒になった。聞けば50年以上皆勤賞だそうだ。そんな人はほとんどいないだろう。まさに超人の部類だと思う。

僕ら俗人はそこまで無理することはない。ただ、貯金を食い潰すだけの年金暮らしだけでは、あまりに張り合いがない。刺激がなくなると人は老化する。気軽な仕事をしながら新しい出会いを楽しみ、ついでに小銭も稼げれば御の字だ。働かせてもらっているのでも、働かされているのでもない。自ら働いているという感覚が大事だ。やる気さえあれば、年齢に関係なく、起業も夢ではない。ケンタッキーフライドチキン（ＫＦＣ）の創業者として有名な白髭のカーネル・サンダースが、幾多の苦難を乗り越えて秘伝オリジナル・レシピでＫＦＣを創業したのは65歳の時だった。

定年退職者にうってつけの仕事とは

僕の大好きなユーモア・コラムニスト、スタンレー・ビン（本名ジル・シュワルツ）が米ビジネス誌『FORTUNE』の中で、定年退職者にうってつけの仕事を紹介している。いくつか見てみよう。

1 宝探し

必要なものは、十分な時間とビーチと性能の良い金属探知機。水着とサンダルも用意しよう。浜辺や近くのゴミ捨て場をくまなく探索すればお宝が見つかるかもしれない。

発見したものを買ってくれるお店といい関係を保っておくことが大切。かなりの忍耐力とスタミナが必要。

2「使用前」モデル

あなたは若い頃ほどかっこよくない。髪は薄くなり、下腹も出ている。あるいは逆に痩せ細っているかもしれない。それが仕事になる。雑誌やテレビのインフォマーシャルでそういう「使用前」素人モデルを常に募集している。商品を食べたり、使用したりすればあなたも理想の体形や髪ふさふさに、というあれだ。「使用後」は別の完璧な体形のモデルがやるから心配ない。ポイントは恥を捨てて楽しむこと。その見返りのギャラは意外と高い。

3チーズ試食係

必要なのは、ある程度のチーズに関する専門用語や知識と、あらゆる種類のチーズの臭いを嗅いだり食べたりしても吐き気をもよおさないこと。それに説明中に倒れずに長くワインを飲める能力。

4小売店での顧客挨拶担当

店の入り口近くに立って、来店する顧客に「いらっしゃいませ」と笑顔で挨拶する仕事だ。身なりやマナーはそれなりに洗練されている必要があるが、職場経験豊かな退職者なら大丈夫。高い給料は望めないが、知らない人びとと会ういい機会だ。証券会社の前でひとりで株価ボードを眺めながら一喜一憂しているより楽しい。

もちろん半分以上ユーモアだが、高齢者になっても、あるいは経験豊富な人生の達人だからこそ、こんな自由な発想でものを考えればいろいろな仕事の可能性があるというのが彼の結論だ。働くために生きるのではなく、はつらつと生きるために働くのだ。

僕はなんといっても夏限定のビーチカフェ・オーナーがいい。期間中だけ毎日、碧い海と潮風を感じながら水着美女を眺めて過ごすだけで稼げる。妻には内緒だが、想像しただけでアストラッド・ジルベルトの「イパネマの娘」や南佳孝の「モンローウォーク」の歌声が聞こえてくるようだ。やっぱり怠け者だな。ひょっとして、最近はこういうものまでセクハラって言うんですか?

第1の行動習慣

時間を自分でコントロールする

ここまで男の定年後を豊かにする7つの選択の話をしてきた。もちろんこれだけですべてというわけではない。次は4つの行動習慣に話を進めよう。

一日の時間を自分のリズムに合わせて分割する

人生と時間は切っても切り離せない。定年後も忙しい日課をこなす秘訣は、それまでのように時間に追われるのではなく、時間を巧みにコントロールする行動習慣を身につけることだ。

僕はジャーナリストとして、これまで多くの企業経営者やそこで働く人たちを取材してきた。そんな現場で共通していたのは「時間が足りない」と愚痴ばかりこぼしている人ほど、タイム・マネジメントが下手だということだ。

このタイプは目の前の仕事に忙殺され、現在の時間の過ごし方が将来の自分の姿を決定するのだという意識をあまり持っていない。気がつけば髪には白いモノが混ざり、「あの時にやりたいことをもっとやっておけばよかった」という後悔の念を抱きながら、定年退職の日を迎えている。このタイプの仕事人間の定年後に待ち受けているのは、暇を持て余すだけの寂しい私生活である。その時になって慌ててリセットしようとしても急には難しい。まずは自分の時間をコントロールする行動習慣を身につけることから始めてはどうか。

エラそうなこと書いているこの僕も、かつては明日のことを考えるのも面倒くさいという無計画でズボラな人間だった。目の前のニュースを追いかけているだけで、自分の将来のことなど真剣に考えてはいなかった。ましてや老後など。そのくせ内心では、いつか金持ちになって遊んで暮らせるような生活がしたいと思っていた。

ところが、それが50歳を過ぎた頃にガラリと変わった。「生活習慣の最小単位を発見しよう」という言葉をアメリカ滞在中に何かの本で見つけたからだ。本のタイトルも著者名も今ではまったく思い出せないが、身体に一瞬電気が走ったような突然のひらめきを感じた。

一日の時間を自分のリズムに合わせて分割するのだ。僕は自分の最小単位として「15分」を1ユニットと決めた。人間の集中力の波は15分周期だといわれているからだ。例えば、会議通訳の世界では通常3人一組で15分ごとにローテーションしている。

たった15分とは忙しないと思われるかもしれないが、1時間を4等分して使うという意識を持てば意外と簡単だ。

僕は毎朝7時には起床する。正確にいえば、トイプードルがベッドに飛び乗ってきて耳元で「クンクン」と散歩を催促するので、それ以上は寝ていられない。その後は15分刻みのスケジュールだ。顔を洗ったら犬の散歩に15分。パソコンで最新ニュースやメールをチェックするのに15分、自宅での腹筋・背筋・腕立て伏せなど簡単なワークアウトに15分、そして朝食に15分である。気がつけば1時間で4つのことがうまく片づいている。気の短い僕や共働きしている妻にとっては案外いいリズムなのだ。30分なら2ユニット、1時間なら4ユニットと考えればいい。

そうすると、一日が逆に自由時間が増えてゆったりと感じられるから不思議だ。フリージャーナリストとして働いている僕の場合は定年がないので15分刻みだが、もっとゆったりと1時間を1ユニットに設定してもいい。それはあなたが決めることだ。

将棋の羽生善治名人によれば、「三流は他人の言うことを聞かない。二流は他人の言うことを聞く。一流は他人の言うことを聞いて行動する。超一流は他人の言うことを聞いて、工夫する」そうだ。超一流シニアのあなたには、さらに工夫を加えてもらいたい。

第2の行動習慣

かっこいい姿でいる

ファッションとは生き方

いくつになってもビシッとかっこよくいたい。これは男の偽らざる思いだ。そのために日頃から心がけるべきことがある。

まず清潔でいること。髪の毛が薄くなっても毎週散髪に行く。ちょい悪親父を気取って髭を生やそうなどと思ってはいけない。若い頃から嗜んでいるのを剃れとは言わないが、食べ物のカスが溜まって不潔になるだけだ。シャワーまたは入浴は毎日欠かさない。加齢臭なんて言葉は僕らの辞書にはない。嫌らしくならない程度に柑橘系のオード・トワレを使うのもいい。

洋服はブランドよりもデザインと素材にこだわる。価格が高くても肌に優しい天然素材がいちばんだ。

僕らの青春時代の憧れ「アイビールック」の生みの親である、ファッションデザイナー石津謙介さんは「TPO」というファッション・コンセプトを世に広めた人でもあった。「TPO」とは、Time（時間）、Place（場所）、Occasion（場合）のことで、それぞれの英単語の頭文字をとった和製英語だ。

つまり、時間と場所とシチュエーションに応じて、ふさわしい服を選び、それに合ったマナーを身につけようということだ。ゴルフにはゴルフウェア、会議にはスーツ、夜のパーティにはダークスーツあるいはタキシードといった具合である。最近はＩＴブームとクールビズとかがあいまって、どんな場面でもポロシャツとジーンズのようなカジュアルな姿の若者が目立つ。それがかっこいいと思っているようだが、はやい話がアメリカのＩＴ企業経営者のサル真似をしているだけだ。

ＮＨＫの朝ドラ『べっぴんさん』で岩佐栄輔のモデルになっているのは石津さんだ。「日本中の男をおしゃれにする」というセリフには彼の想いが込められている。

青臭い若者たちの共感を得ようと媚びるオヤジになってはいけない。見苦しい。自らの価値観で選んだ服をＴＰＯに合わせて着るという、ファッションの王道を歩めばいいのだ。それがいちばんかっこいい。

石津さんの言葉を借りれば「男にとってファッションとは単なる着るものや流行ではなく、生き方そのものである」。おしゃれな人より、洒落た人になれと。

毎度お馴染みゴルフの話で恐縮だが、僕はゴルフ場では創成期の先達たちに敬意を表して、必ずといっていいほどニッカーボッカーズでプレーしている。ニッカーボッカーズはもともとオランダからアメリカへの移民が着用していた膝丈のパンツの呼び名で、スポーツに適していたため初期のゴルファーや野球選手が着ていたものだ。それが今、芸術的センスを主張するファッションとして蘇っているのである。

初めは建築現場の人と間違われるのではと気恥ずかしかったが、着てみると足下がすっきりしていて、とてもプレーしやすい。ゴルフ場で出会う女性陣からは「かっこいい」とか「素敵ですね」と言われ、すっかり気をよくして着続けている。下心見え見え。天国の石津さん、すいません！

2005年5月、石津さんは東京都青梅市の病院で93歳の長寿を全うされた。寝たきりになってもファッションにこだわり続けてパジャマを拒否され、三宅一生デザインのシャツを着たまま息を引き取られたそうだ。三宅さんにとって、石津さんは生涯の「先生」だそうだ。この一徹さはうらやましい。

美しく立つ

「美立」という言葉をご存じだろうか。その字が表す通り「美しく立つ」ことだ。かっこよさの大事な要素だ。英語では〝Stand Beautiful〟という。といっても、ファッションモデルのような立ち方をしようというのではない。スポーツ医学に基づいて正しい立ち方、歩き方を普及させ、少しでも多くの人に長く健康でいてもらいたいという願いが込められているのだ。

日本は世界に先駆けて少子高齢化社会に突入した。高齢者人口が増えれば、医療や介護に対する需要が増える。その証拠に、介護職員数は２０００年の54万人から２０１７年には１８３万人と急増している。理由はもちろん要介護人口が増えたからだ。同じ期間に、要介護人口は２１８万人から６００万人超まで増加している。その中には、健康に留意して適切なトレーニングをしていれば、介護のお世話にならなくてもよかった方が多くいるはずだ。

僕たちの足腰と内臓の老化は、ほぼ同時に進むそうだ。だから、元気で長生きするためには適度な筋肉運動が欠かせない。そんなことを言われても、今さら厳しいトレーニングは無理とあきらめる必要はない。少し早足で歩いたり、エスカレーターやエレベーターではなく階段を利用したりするだけでいい。

その際に背筋を伸ばしてすっと立つことがポイント。それが「美立」だ。いわゆる生活習慣病予防にも良い方法だ。２０１２年にスポーツ整形外科医の渡會公治先生を中心に「一般社団法人美立健康協会」が設立された。僕はそこのアドバイザーをしている。

第3の行動習慣

100歳まで ボケない決意

ボケとはまったく無縁の人たち

ボケ（認知症）にくい人ほど長生きするそうだ。それでは、どうすれば100歳までボケないで長生きできるのか。誰しもボケたくない。超高齢社会に突入した日本で、とくにあなたや僕のような年齢の者にとっては、今そこにある切実な恐怖である。

子どもを宿す女性が種付けで用済みの男性より世界的に長生きで元気なのは、たぶん神様が決めた種の保存のためだろう。許そう。女性は男性より慎重で危険なことはしないし、女性ホルモンのエストロゲンが高血圧や高コレステロールになりにくくしているのだそうだ。

そういえば、89歳の時に「あなたは充実した人生を生きましたね」と言われたアメリカの詩人ドロシー・ダンカンは、「過去形を使わないで！」と口を尖らして切り返したというし、イギリス出身の女優のジェシカ・タンディが映画『ドライビング・ミス・デイジー』でアカデミー賞を受賞したのは御年80歳の時だった。

男性だって負けっぱなしというわけではない。ポーランド出身の世界的なピアニストのアルトゥール・ルービンシュタインが人生最高といわれたリサイタルをおこなったのは亡くなるわずか6年前、89歳の時だった。

彼、彼女らはボケとはまったく無縁だったのだ。

世界最長寿の人生に驚嘆

しかし、なんといっても驚かされるのは、『ギネスブック』に登録されている世界最長寿のフランス人女性、ジャンヌ＝ルイーズ・カルマン（1875〜1997年）さんだ。カルマンさんは122年と164日生きた。確実な証拠が残っている中で大還暦（120歳）を迎えた唯一の人物だそうだ。そしてなんと、100歳まで町中をひとりで自転車を乗り回していたという。121歳の時にはラップ音楽のCDまで発表しているのだ。身体だけでなく脳もしっかりしていたわけだ。20歳の頃の写真が残っているが、なかなかの美形でもあった。同時代に生まれていたら「ジャンヌ、お茶でもどう」と誘いたかったところだ。

カルマンさんが120歳の時に、老人ホームで彼女をインタビューしたフランス人作家でジャーナリストのフランス・カヴァリエの著書『神様が忘れた娘』（イーストプレス）によれば、視力はすっかり低下していたが記憶力がまったく衰えていないことに驚いたという。「あなたは、きっとおてんばだったんでしょうね。小さい頃にどんないたずらをなさったのかしら」と訊ねると、「あちこち走り回っては、よく転びましたね。父は私に手を焼いていました。私を監視するのは、父の役目だったんです」という答えが返ってきた。
親戚の女性によれば、カルマンさんは自立心が強く、老人ホームに移る前はひとり暮らしをしていたという。家政婦の方が来ていたのも朝のうちだけだったとか。老人ホームに入居してからも、介護なしで身体を洗い、服を着て、できるだけ多くの時間を戸外で過ごしたそうだ。エレベーターは使わず、毎朝、手すりにつかまって屈伸運動をしている彼女の姿があったという。「楽しいわ」がカルマンさんの口癖だった。
こんな会話もあったという。
記者「これから先のことをどうお考えですか」
カルマン「長くはないでしょうね」
記者「今、何に興味をお持ちですか」
カルマン「すべてに」
記者「生きることにもう飽きたのではないですか」
カルマン「死にたいと思う人はいませんわ。でも、もし死ぬ時が来たら、私は恐れません」

カルマンさんは、神様が自分の名前を見落としたと思っている。だから、本のタイトルが『神様が忘れた娘』になった。

ちなみに男性最長寿記録は115歳まで生きたアメリカのクリスチャン・モーテンセン（1882〜1998年）さんだ。僕も彼らに負けまいと、「120歳まで元気で生きる」という会に参加してきた。東京六本木の会場に集まったのは、医師、法律家、政治家、経営者などそうそうたる顔ぶれ。元気長寿の秘訣は、「食べ過ぎない」、「適度の運動をする」、「ストレスを溜めない」の3点。当たり前に聞こえるが、それを実行し続けることが大切だ。

さらにもうひとつ元気長寿の方に共通していることがある。それは友達が多いこと。最近のはやり言葉に就活とか婚活というのがあるが、シニアには「友活（ともかつ）」ブームが起きそうだ。

難しいことではない。朝のゴミ出しで出会った人と知り合ったり、近所のお店の店主と仲良しになったり、地域で開催されるイベントに積極的に参加すればいいのだ。学生時代の仲間と「友あり。遠方より来る。また楽しからずや」（論語）というのもいい。

脳を元気にする
科学的方法

脳は若返る

ボケの問題を考える時に、我々の臓器の中で圧倒的に重要なのは司令塔である脳だ。その脳をいかに健康に保てるかどうかであなたの老後の明暗が分かれる。

では、脳を元気にする科学的証拠が示されている方法はなんだろうか。すでに明らかになっているのは次の4つである。

方法その1　運動をする

当たり前といえば当たり前の感じだが、やはりそうなのだ。運動が脳の健康や認知機能と関連していることは医学的にもすでに明らかになっている。運動をする人は脳容積が大きい。思考能力も記憶能力も高く、認知症を発症する危険性も低くなるとみられている。

前述のカルマンさんは、自転車に加えて85歳の時からフェンシングを始めていた。フェンシングは中腰姿勢で競うので下半身の筋肉が鍛えられるばかりでなく、上半身のバランスや高い集中力が求められるスポーツだ。そのスポーツに果敢にチャレンジした彼女は、老化による骨粗鬆症とも無縁だったかもしれない。北京五輪銀メダリスト太田雄貴選手もさぞかしびっくりだろう。

臨床神経分野で世界的権威のあるアメリカの学会誌『NEUROLOGY』に発表された研究によれば、積極的に運動しているお年寄りは認知力テストの成績が良く、脳年齢が実年齢よりおよそ10歳も若いという。運動による血行促進によるものだと見られている。運動はさらに海馬（学習機能に関わる脳の器官）の神経細胞を活性化させるとも考えられている。海馬は高齢になるとともに萎縮し、それが鬱やアルツハイマー病の発症と関連していることがすでに知られている。

こうした運動の効果は年齢が若ければ若いほど高いが、僕たちの年齢から始めても決して手遅れではない。カルマンさんがそのいい証人だ。

では、ネオシルバー世代はどんな運動をしたらいいのか。

目標はエベレスト登頂

「エベレストに登れ」。いきなり何を言い出すのかと思われたかもしれないが、これにはちゃんとした理由がある。

今や遠い過去となった30代の頃、ある洋書を読んでいたら、10年ごとの人生の指針をみごとに捉えた考え方を見つけた。それは「20代は美しく、30代は強く、40代は賢く、50代は豊かに、60代からは健康に」というものだった。

20代は若いエネルギーが溢れ、失敗しても何回でもやり直せる。だからやりたいことを思い切ってやる。それが「美しい」という意味だ。30代になると職場での責任や結婚、子育て、住宅ローンなどがいきなり両肩にのし掛かってくる。その割に収入は多くない。とにかく一日三食を二食に減らしても歯を食いしばって「強く」生きることが必要だ。40代になると仕事も家庭生活もある程度落ち着いてくる。今度は30代のようになんでもがむしゃらにやるのではなく、「賢い」選択がポイントだというわけだ。50代は収穫の時。「豊かさ」を意識して、ただおカネを稼ぐばかりでなく、趣味や旅行など「愉しさ」を実感できることに使うことも心がける。

そしていよいよ我らが退職後の60代以上は、やはり何をさておいても健康維持だ。老化を防ぐには足の筋肉を動かすことがいちばんだと医学的に実証されている。足の筋肉を動かすと脳も活性化する。

そこで僕はエベレストを登ることにしたのだ。そりゃ無理? 世界最高峰のエベレストの高さは８８４８メートル。イギリス探検隊のメンバー、ニュージーランド出身の登山家エドモンド・ヒラリーとチベット出身のシェルパ、テンジン・ノルゲイが初登頂に成功した1953年以来、200人以上の登山家が命を落としている「死の山」だ。

デスゾーンと呼ばれる8000メートル以上の気温は鼻毛も凍りつく氷点下27度。頂上では新幹線より速い時速320キロの風が吹く。そのうえ酸素濃度は地上の3分の1。そう聞いただけで息苦しくなる。山頂付近には凍結した遺体がゴロゴロしているというではないか。そんな恐ろしいところに高尾山（標高599メートル）より高い山に登った（歩いた？）経験がなく、しかも前期高齢者のあなたや僕が行けるわけがない。

その通りだ。無理だ。止めたほうがいい。富士山もマッターホルンも遠くから見るから美しい。珍獣ハンターイモトが無謀な冒険をするテレビ番組「イッテQ」から頼まれても絶対に断る。どんな高額のギャラを提示されても。命あっての物種ですから。

それならなぜ「エベレストに登る」という目標を掲げたのか。それは、ある日、同世代の経営者Aさんと六本木で会食をしていた時に飛び出した一言がきっかけだった。

継続は力なり

「蟹瀬さん、私もとうとうエベレストに登りましたよ」

えっ？　髪がすでにバーコードになっていて（登山とは関係ありません。失礼！）、見るからにしょぼい感じのオヤジがそんなことを！　思わずAさんの顔をまじまじと見つめてしまった。強いていえば肌の色つやは年齢にしてはいいほうかもしれない。どうせゴルフ焼けだろう。どう見ても登山家には見えない。しかし、その後の話を聞いて納得した。

還暦を過ぎて健康に不安を覚えたAさんは、テレビ通販CMで元気につくり笑顔で歩く老夫婦の姿に触発されて、自宅の周りを散歩し始めたそうだ。本当は少しでも若さを保って女性社員にモテたいという不純な動機だったようだが、まあそれは良しとしよう。

しばらくすると散歩では物足らなくなってきた。かといってスポーツジムに通うほどのやる気はない。そこで思いついたのが階段だ。毎朝通う高層ビルの8階にあるオフィスまで、エレベーターを使わず階段を上ることを決意したのだ。

ところが、これが思ったよりキツイ。東日本大震災の時に、僕も部屋に残された貴重品や愛犬救出のため自宅マンションの16階まで階段で2往復した経験があるが、心臓バクバクで目が回った。

ものごとを成し遂げるには何かしらの目標が必要だ。そこでAさんは階段上りでエベレストの高さに挑戦することを決意した。

大学時代理科系だったAさんは、まずお得意の計算から始めた。階段1段の高さ（専門用語では蹴上という）は建築基準法で23センチ以下と決められている。とりあえず約20センチだ。オフィスビルの階段は1階につき16段あるから20センチ×16で3・2メートル。8階までだと3・2メートルの8倍、つまり1日25・6メートル登ることになる。目標のエベレストの高さは8848メートルだから、それを25・6で割るとなんと1年弱の345・6日で頂上まで達することができるではないか。

Aさんはがぜんやる気が湧いてきた。そしてそれから2年あまり。筋肉痛にも二日酔いにも負けず階段を上り続けたAさんは、ついに先日エベレスト〝登頂〟に成功したというわけだ。

まさに継続は力なり。女子社員にモテるようになったかはきわめて疑わしいが、Aさんの生き生きとした話し振りから目標を達成した喜びが伝わってきた。

本物のエベレスト登山は無理でも、こんな自分自身の「健康エベレスト」なら誰でも自分のペースで登頂可能だ。「健康エベレスト」は何も高く登るだけが目標ではない。食事、睡眠、運動、働き方、遊び方などあなたの人生すべてに当てはまる考え方である。

階段はやっぱり辛そうなので、ずぼらな僕は室内で階段上りと同じ運動ができる「ステッパー」という健康器具を試すことにした。「投資額」は8000円程度。場所も取らず、テレビのゴルフ中継を観ながら右足、左足を交互に歩くように踏み続ければいい。ちゃんとカウンターがついているので回数を覚えておく必要もない。気がつけばもうエベレストは〝登頂〟して、次のマッターホルン（標高4487メートル）をめざしている。その話をしたら三浦雄一郎さんには「あ、そう」と笑われたが、脚力は確実にアップしていてドライバーの飛距離が伸びた！

脳内でスパークを起こす

スパークとは日本語では火花のことだ。ハーバード大学大学院臨床精神医学准教授のジョン・レイティ博士の研究によれば、これまで加齢とともに減っていくと考えられたニューロン（脳にある神経細胞）は、何歳になっても運動によって増やすことができるという。

「脳は筋肉と同じで、使えば育つのに、使わなければ萎縮してしまう。脳のニューロンは、枝先の葉を通じて互いに結びついている。運動をすると、これらの枝が成長し、新しい芽がたくさん出てきて、脳の機能がその根元から強化される」と博士は著書『SPARK』（邦題『脳を鍛えるには運動しかない！』NHK出版）の中で分析しているのだ。

人間が考えたり記憶したりする脳の働きは、あなたの脳に100億から1000億個程度あるといわれるニューロン同士が、お互いに火花を散らすように連絡を取りあって情報の伝達をおこなうことによって成り立っている。

老化とともにこの脳の回路が断たれると、知っているはずの人や場所の名前がなかなか思い出せなくなる。だが、運動によって脳の老化を遅らせ、認知能力を強化することができるというわけだ。

僕が博士のスパーク理論を知るようになったのは10年ほど前、同じ環境NPOの理事でアメリカ通のO氏から教えてもらったのがきっかけだった。その時はそんな考え方もあるのかと軽くしか受け止めていなかったが、65歳を過ぎて衰えを自覚するようになって、少しずつ自分も実行するようになった。

具体的には、早足でのウォーキングやランニング、エアロバイクを使って週に2日は最大心拍数を76％程度まで上げる短めの有酸素運動と、残り4日は66％ぐらいまでの運動をやや長めにやるのが理想的だという。最大心拍数は、成人男性の場合は220から自分の年齢を引いた数字だ。例えば、僕は68歳だから152になる。その76%は約116、66%はおよそ100となる。やってみるとわかるが、死ぬほど（死んでは困るが）辛い数字ではない。

それはちょっと大変だという僕のような人間は、週に何度かインターバル・ウォーキングをすればいい。ゆっくり15分歩いた後、今度は15分間速く歩く。そしてまたゆっくり15分歩く。これを何度か繰り返すのだ。ただし、交番の前で急に早足になると、不審者と間違えられる可能性があるからご注意を！

ダンスもストレスを和らげて脳の健康を改善するそうだ。それを知って、僕はすぐに自分の母親のことを思い出した。88歳になる母は三重県でひとり暮らしをしている。父が70歳で他界した後、ふっきれたように元気になり、近くの肉屋さんの奥さんたちと海外旅行に出かけたり、グラウンド・ゴルフをしたり、木目込み人形づくりを教えたり、自宅に先生を呼んでパソコン教室を開いたりと大忙しだ。さすがに最近は海外旅行にはほとんど行かなくなったが、今も続けているのが老人会の仲間との社交ダンス。先日、デンマーク人男性と結婚した娘の結婚披露宴で着物姿だったにもかかわらずみごとな足さばきでワルツ、フォックストロット、ジルバなど自在に踊って海外からのお客様を驚かせていた。僕が花嫁の父として、娘とにわか仕込みのファーストダンス（ワルツ）をぎこちなく踊るのが精いっぱいだったというのに！

母はいまだに記憶力もしっかりしており、僕よりも歩くのが速い。無意識にレイティ博士の教えを実践しているのだ。僕の健康エベレストより上を行っている。博士によれば、年を重ねてもずっと社交的で活動的な人は脳の劣化スピードを遅らせることができるそうだ。

方法その2　瞑想する

運動はどうも苦手というあなたには、この手がある。

瞑想は、ストレスホルモンを抑制する効果があるそうだ。瞑想と脳の関連性は数千年も前から考えられていたが、科学的な証拠が得られるようになったのはわずか5～10年前からだという。大脳皮質の一部は、瞑想によって容積が増すことがわかっているし、脳への血流も増えることが立証されている。まずは一日10分程度、静かな場所でゆっくり深呼吸をしながら居眠りではなく瞑想をしてみよう。

方法その3　知的刺激を続ける

年齢を重ねても精神的に活発であるためには、好奇心を持ち続けて学習することが必要だ。それによって健全な認知機能を維持できる。別の言い方をすれば、心を若返らせることができるのだ。創造的な仕事をしているアーティストに長生きが多いのもそのせいだろう。

僕のように世界のニュースに興味を持って追いかけているのもいいらしい。それを物語る話が、世界的に有名な「ナン・スタディ」（修道女研究）の中に出てくる。

「ナン・スタディ」は疫学の専門家デヴィッド・スノードン博士が、ノートルダム教育修道女会の75歳以上の678名のアメリカ人修道女たちの協力を得て、アルツハイマー病の解明をめざしたプロジェクトだ。1986年に始まり、今も続けられている。アルツハイマー病の発病と発症の不一致の原因や様々な老化を防止する要素を解き明かしているのだ。研究では、献身的なシスターたちが自分の過去の詳細な記録を提供することはもちろん死後は脳を献体として提供することにも同意している。その感動的な姿を僕が特派員だったニュース週刊誌『TIME』誌は、〝Gift of Love（愛の贈物）〟として大きく取り上げた。

その中に、101歳で亡くなったシスター・マリーのケースがある。1892年、ペンシルバニア州で生まれた彼女は中学卒業後にノートルダム修道院に入り、教員の資格を取って84歳まで数学の教師を務めている。修道院の中ではボランティア活動をするかたわら、毎日欠かさず新聞を読んで世界の動きに関心を寄せていたという。死後に解剖された彼女の脳は萎縮してわずか870グラムしかなく、アルツハイマー病の特徴である老人斑も多数あったという。ところが、生前のシスター・マリーは認知症テストでまったく異常がなく、知能テストでも好成績だったというのだ。

では、なぜ彼女はアルツハイマー病なのに発症しなかったのか。その答えは彼女の積極的な生き方や生活習慣にあったのではないか、とスノードン博士は著書『Aging with Grace』（邦題『100歳の美しい脳』DHC）で分析している。

新聞を毎日読んで世界の出来事に興味を持ち、ボランティア活動で人びとと関わる。つまり、常に頭をフル回転で使っていたからだ、と。

脳の病気の発症と精神的な活発さとの明確な関連性は、まだ確認されていない。

だが、高い知的な認知的活動が病気に対する抵抗力を脳に与えているのではないかと、アルツハイマー病を専門とするアメリカのメイヨー・クリニックの神経科医デビッド・

ノップマン氏は推測している。エッチなことを想像する「助平心」も、脳にはいい刺激だそうだ。実際にはそんなチャンスはまず巡ってこないが、幸せな老後は希望を持つことから始まるのだ。

方法その４　十分睡眠を取る

あなたが眠っている間に、脳は僕たちの想像以上にたくさんの働きをしている。脳が眠ることはないのだ。常に記憶を整理し、不要なものを削除している。短時間でも睡眠が取れない状況が続けば、認知機能には大きな問題が生じる。

認知機能が低下すれば、注意力、学習能力、創造的思考が失われる。睡眠不足が続き、それが長期化すればするほど、影響が解消されるまでにかかる期間も長くなる。我々が脳の健康を維持するためには、一日当たり7時間の睡眠をめざすとよいとされている。就寝前の携帯ゲームやパソコン、スマホなど、体内のリズムを乱すブルーライトが使われているものは避けたほうがいい。

アメリカでは２００３年頃、〝Madfnil〟という薬物がブームになった。一般的には〝Provigil〟という名前で知られている。この薬を飲むと54時間寝なくても普通に元気よく仕事がこなせるという臨床実験結果が出ている。〝Provigil〟はもともとナルコレプシー（睡眠発作）の治療薬として認可されたが、ほどなくしてお医者さんが疲労回復剤として航空会社のパイロットやトラック運転手などに気軽に処方するようになった。製造しているバイオテク企業は大儲け。これに国防省が目をつけて、陸軍や海軍ではこの薬をヘリコプターや戦闘機のパイロットに試していたらしい。本当にこんな薬を飲み続けて大丈夫なのだろうか。

人間は馬鹿ではないけれど、それほど賢くもない。

第4の行動習慣

ユーモアの感覚を磨く

笑いは人生の潤滑剤

「笑う門には福来たる」と昔から言うが、笑いは人類が生み出した老化防止の知恵でもある。最近では、脳の働きを活発にさせたり免疫力を高めたりする笑いの健康効果の研究が進んでいる。

100歳を超えて日本中で人気者となった長寿の双子姉妹、成田きんさんと蟹江ぎんさんも笑いの達人だった。テレビ番組出演料を何に使いますかと尋ねられた時、ふたりそろって「老後の蓄えにします」と答えたのは有名だ。

同じく100歳以上生きた、鹿児島県徳之島出身の泉重千代翁のユーモア感覚も大いに笑いを誘ったという。

記者「長寿の秘訣は？」

泉「まあ、酒と女かのう」

記者「どんな女性のタイプがお好きですか？」

泉「やっぱり、年上の女かのう」

（もっとも後半の女性に関しての返事はできすぎているというので、信憑性を疑う声もあるようだ）

僕が自分のユーモア感覚を磨くことになったのは、「日本について話して欲しい」という依頼がいくつも舞い込んで、アメリカやカナダを講演旅行で飛び回った時のことだった。日本経済が日の出の勢いで「ジャパン・アズ・ナンバー・ワン」と持て囃されていた1980年代である。

その頃僕は、ロータリー財団ジャーナリスト奨学生として、ミシガン州アナーバーのミシガン大学大学院に留学していた。ジャーナリストだから日本を幅広く知っているに違いないと思われ、白羽の矢が立ったようだ。

気軽に引き受けてしまったが、どの講演会場でもいちばん緊張したのは「氷を割る儀式」。といっても、実際に冷たい氷をハンマーで叩き割るわけではない。講演の冒頭で気の利いたジョークを披露して、聴衆の緊張を和らげることだ。これを英語では「アイス・ブレーカー」と呼ぶ。そのでき栄え次第で講演者の評価が決まる、といっても過言ではない。僕は必死でジョークをいくつも覚えて、場の雰囲気に合わせて素早く選んでいた。

当意即妙のユーモアが役に立つのは講演だけではない。「アーウー」とまったく意味不明瞭の発言で知られていた大平正芳首相は、ワシントンの記者会見で日本の捕鯨についてアメリカ人記者から厳しく追及された時、「鯨は大きすぎてこの部屋では取り扱えません」と返事をした。緊迫していた会場は大爆笑に包まれ、大平さんはたちまち記者たちの人気者となって難を逃れたと、同時通訳の草分けだった亡くなった村松増美さんが話してくれた。

国際会議で、日本人はいまだに3S（サイレント・スマイリング・スリーピング）と揶揄されるのは残念なことだが、決してユーモアのセンスがないわけではない。落語や漫才という立派なお笑い文化があるではないか。ただ、日本社会では一般的にユーモアが公の場に適さないと考えられているために、その能力が発揮されていないだけなのである。

気の利いたユーモアは健康増進だけでなく、相手の心の武装解除にもなる。まさに人生の潤滑剤だ。ネオシルバーは笑顔とジョークを絶やさない。

『トム・ソーヤの冒険』を書いた19世紀のアメリカ人作家といえば日本でもお馴染みのマーク・トウェインだが、彼は小説だけでなくユーモラスな名言も数多く残している。

僕がとくに大好きなのは、〝God created war so that Americans would learn geography（神はアメリカ人に地理を勉強させるために戦争をつくりたもうた）〟だ。

アメリカ人が地理にめっぽう弱くて、地図で戦地のイラクやアフガニスタンはおろかニューヨークも指させない人が多いことを皮肉ったもの。

たまには、こんな辛辣な社会派（？）ジョークのひとつもぶちかましてみたい。

ジョークの国アメリカ

余談だが、アメリカはまさにジョークの国である。講演会でもパーティでもまず気の利いたジョークを言わないことには始まらない。僕も前述のように、ジョークをいくつも暗記した。

なかでも政治ジョークは辛辣。かつてレーガン大統領が狙撃された時、運び込まれた病院で医師団に「君たちは共和党員だろうな」と言ったというエピソードがあるくらいである。

お馬鹿で知られたジョージ・W・ブッシュ大統領に至っては、イギリスで子どもにホワイトハウスはどんなところと尋ねられて「白いよ」と答えている。さらにはアフリカを国と間違えたり、来日した際には「日本とアメリカは150年間にわたって良好な同盟関係を続けている」と発言して失笑を買った。太平洋戦争のことはすっかり忘れてしまったらしい。あまりに意味不明の言動が多かったので、それを集めた『ブッシズム』という本がベストセラーになったくらいだ。

そんなお馬鹿な男が石油会社社長、メジャーリーグのオーナー、そしてテキサス州知事を経て、2001年に第43代アメリカ大統領に選ばれている。考えてみれば、ドナルド・トランプが大統領になっても驚くにはあたらないお国柄なのだ。

政治ジョークで出色なのは、アメリカNBCで1975年から放送され続けている深夜90分のコメディ・バラエティ番組「サタデー・ナイト・ライブ（SNL）」。若い頃からチャンスがあるたびにずっと観つづけてきたが、まさに抱腹絶倒である。番組のいちばんの見せ場は、大統領や内外の政治家のパロディや揶揄・政治風刺である。

トランプという面白大統領が誕生したお陰で、低迷していたSNLの視聴率はうなぎ上り。そりゃそうだろう。なにしろ笑いものにするには最適の人物である。そこに上半身裸のロシアのプーチン大統領を添えれば、向かうところ敵なしだ。俳優でコメディアンでもあるアレック・ボールドウィンのトランプ大統領のモノマネは、他の追従を許さない。

そこへいよいよ娘のイバンカ・トランプが登場した。といっても、もちろん本人ではない。なんとあの有名女優スカーレット・ヨハンソンがイバンカの役を演じているのだ。虚栄の社交パーティを笑顔ですり抜けるイバンカ。流れるナレーションは「彼女は自分の欲しいものがわかっている。自分が何をしたいのかも知っている」。

知的でビジネスでも優等生の彼女の役割は、お馬鹿な父親の暴走を止めること。と思いきや、洗面所で口紅をつけている彼女の前の鏡に映っているのはトランプ大統領の顔。そこで高級香水の瓶が現れる。そのブランド名は「Complicit（共謀者）」。

化粧品のCMのパロディを使ってイバンカの正体を暴いているのだ。なんともどぎつく、しかしおしゃれなでき栄えではないか。映像を観ながら、思わず拍手を送ってしまった。さすが言論の自由の国である。極右のラジオ局もあれば、こんな政治家などの風刺も許される。

それに比べて我が国の言論空間はあまりにも息苦しい。唯我独尊で大統領を気取る総理とそれに尻尾を振ってついていくメディアによって、民主主義の根幹である表現の自由、報道の自由が脅かされている。一方的な報道がちまたに溢れるから、人びとはそれが事実だと勘違いしてしまう。いっそ理不尽で腐敗した権力を笑い飛ばしてしまうエネルギーが必要だ。

SNLが今いちばん必要なのは日本なのだ。心あるテレビ局のみなさん、一緒に日本版サタデー・ナイト・ライブをやりませんか。

「初めての還暦」とは言い得て妙

ミスタージャイアンツこと巨人軍終身監督の長嶋茂雄さんが、60歳になった時の記者会見で「今日は初めての還暦を迎えまして……」と語り、記者団が大爆笑したそうだ。

さすが、周りの人を幸せにする長嶋流天然ぼけ。僕はあなたと同じ「巨人、大鵬、卵焼き」世代だから、子どもの頃から大の長嶋ファンだった。何度かお話しする機会もあったが、長嶋語録はとにかく抱腹絶倒だ。

選手に活を入れるつもりで……「いいか、人生はギブアップだ（ネバーが抜けた）」

アメリカの空港から出て一言……「うわー、外車が多いな」

遅刻して……「電車が行き先を間違えちゃって、遅れた」

好きな数字を訊かれて……「ラッキーセブンの3ですね」

昨夜は遅かったかと聞かれて……「シャワーを食べてうどんを浴びてたら12時になってしまった」

こんなのはまだまだ序の口。長年の長嶋ファンのひとりとしては驚くにあたらない。しかし、考えてみると「初めての還暦」という言葉には深い意味があるような気がする。誰しも60歳という大きな区切りの年齢を迎えるのは初めてだから、自分の老後に対して真剣に不安を感じ始めるからだ。仕事のこと、収入のこと、健康のこと、相続のことなど、考え出したらきりがない。ああ面倒くさい。

「この一日の身命は尊ぶべき身命なり」（道元）

将来のことを思い悩むより、明日死ぬかもしれないと思えば、先々のことを悩まなくて済むという意味だが、僕ら凡人にはそんなことはとうていできない。

そもそも世界第3位の経済大国に住みながら僕ら日本人、とくに高齢者はなぜこうも不安感に苛まれなければならないのか。

まさに「責任者呼んでこい！」と叫びたいところだが、その前に疑問の答えを探しに、世界一幸せな国ランキングで常に上位にランクされている北欧の王国デンマークの首都コペンハーゲンを訪れることにした。デンマークにあって日本にないものとは、なんなのだろうか。

デンマークに学ぶ
幸福と豊かさの関係

首都コペンハーゲン

コペンハーゲンは、デンマーク東部コペンハーゲン湾に面したスカンジナビアで最大の都市で人口58万人。北欧のパリとも称される美しい文化都市だ。人魚姫の像やチボリ公園など観光資源が豊富で、世界中から毎年多くの観光客が訪れている。

デンマーク人の祖先は、言わずと知れた勇猛果敢なバイキング。8～12世紀に航海技術を駆使してヨーロッパ各地で勢力範囲を広げていた。貿易も盛んにおこなっていたので、デンマーク語でコペンハーゲンは「商人の港」という意味だという。

じつは僕の娘の夫はデンマーク人男性だ。そのためもあってデンマークは何度も訪れているが、今回の取材は久しぶりだった。季節は春とはいえ吹く風はまだ冷たい。だが地元の人びとの暮らしぶりは、いつものように羨ましいほどマイペースで活気に満ちている。そんな姿を見るたびに、僕はいつも忙しく何を求めて生きているのだろうと考えさせられてしまう。

カネと幸福の図式

幸福と経済的な豊かさが密接な関係にあることは紛れもない事実だ。無一文では盗人でもやらない限り生きていけない。それもまた人生だが。

経済学では、一人当たりのGDPが1万ドルまでは、所得と幸福感に相関関係があるといわれている。食うや食わずの生活では幸せと感じることは難しいからだ。収入が増えれば増えるほど、幸せな気持ちもそれに比例して増えていく。たまには高級レストランで食事をしたり、これまでがまんしていた洋服や靴も買えるようになる。

しかし、所得がそれ以上になると、こんどは経済成長＝国民の幸福感という図式が成り立たなくなるという。日本のサラリーマンは平均年収が420万円（約3万8000ドル）もあるのに、幸福だと感じていない人が多いのを見てもわかる。

2010年に内閣府は日本人の「幸福度」意識調査をおこなった。調査では、15歳から80歳までの男女4000人に、「とても幸せ」（10点）から「とても不幸」（0点）まで自分の気持ちを点数化してもらっている。

その結果、日本の平均点は6・5点。国際比較をすると、当時GDP世界第3位だった日本が幸福度では20位。1位は8・4点のデンマーク（GDP32位）。2位は8・0点のフィンランド（38位）とノルウェー（26位）。その他では、イギリスが7・4点、ドイツが7・2点、フランスが7・1点だった。

人間は収入が増えれば増えるほど、欲も増えて生活が贅沢になり支出も増える。カネが入っただけ出るならまだいいが、クレジットカードを使うようになるから入った以上に出てしまう。残るのは借金の返済と将来不安だ。

消費の満足感は一瞬で消えてしまう。つまり、幸福度は下降線を辿るのだ。経済学の専門用語で「限界効用逓減の法則」という。わかりやすい例でいえば、夏場のビヤホールで飲むキンキンに冷えた1杯目のビールは最高にうまいが、2杯目ではそれほどでもなく、3杯目になると満足度はもっと下がるのと同じだ。

調査結果をさらに詳しく見てみると、日本では60歳以上の高齢者の幸福度がとくに低い。主な理由は健康や年金制度に対する不安だ。日本人の貯蓄率が高いのはよくいわれる勤勉節約の国民性などではなく、将来不安が大きいからなのだ。

それと比べて、上位にランクされた北欧諸国では、税負担は日本よりはるかに重いが、雇用・福祉制度が充実しているため、将来に対する国民の不安が少ないのだ。

国民負担率7割強でも幸福

デンマークの税金と社会保険料を合わせた国民負担率は、なんと7割強。つまり、あなたの年収が500万円としたら、手取りは150万円以下しかないことになる。えっ、そうなの！　と驚かれた読者もいるだろう。もっと驚くのは、それでもデンマーク国民が、自分たちは幸せだと感じていることだ。ちなみに消費税は25%。8%を10%に上げようとしただけで大反対のブーイングが起きる日本では、とうてい考えられない数字である。

デンマークでは国民全体で稼ぎ出すお金の大半を国家が税金という形で一度集め、それをみんなが利用する教育やサービスや困っている人を救う公共サービスに投じる、という政策をとっている。高負担高福祉のいわゆる社会民主主義だ。

医療費や教育費が無料であるばかりでなく、定年制度がなく、失業支援や生活保護も充実しており、老後資金を貯蓄する必要もない。だから、多くの国民が「税金が高くても、国が生活の面倒を見てくれるのだから納得できる」と考えている。

もちろん、高い税率に不満な人もいないことはない。その昔、ローマ皇帝アウグストゥスが「この世にあるものすべて税を払うべし」と命令して以来、人類は税金に悩ませられ続けてきた。多くの納税者にとって税金は負担と頭痛の種だからだ。アメリカの独立がイギリスから課せられた税金（茶税）の支払いを拒否したことから始まり、ギャングの親玉アル・カポネが問われた罪が殺人でも強盗でもなく、所得税の支払いを怠ったことだったことを見てもわかる。

しかし、デンマークでは国民の圧倒的多数が幸福と感じているのだから、優れた民主主義システムであることは疑いの余地がない。

では、どうしたらそんなことが可能なのか。

根幹にある「共生」の精神

背景にはふたつの重要なポイントがある。ひとつは税金や年金が、きちんと無駄なく正しい目的のために使われていること。かっこよく言うと、税の透明性ということだ。どこかの国のように政治家や役人、経営者が大切な国民のカネを乱用・私物化していたのでは、馬鹿馬鹿しくてそんな高い税金を国民は払わない。

デンマークでは、企業も個人も登録番号制度で管理され、銀行は年末になるとすべての口座所有者の預金残高を税務署に通知する義務がある。個人が所有する株や公債、社債などについても同様で脱税が難しい。

政治は一院制で、国会議員の年収は日本円にして約750万円。大卒サラリーマンの給与より低い。地方議員に至っては、無給のボランティアである。何千万円も貰ってろくな仕事もせず、金が足りないと文句ばかり言っている日本の国会議員は彼らの爪の垢でも煎じて飲んだほうがいい。悪徳議員は腹でも壊して、あの世に行ってくれればなおいい。

もうひとつは歴史だ。近代デンマークの歴史はナチスドイツとの国土争奪戦の歴史だった。その中から「自分たちで協力して国家を守るしかない」という共通意識が国民の間で生まれた。これが、今日のデンマークの社会福祉政策の根幹にある「共生」精神だ。国土防衛意識も高く、徴兵制度が導入されている。しかし、兵役を志望する若者が増えているため徴兵する必要がないのだという。政治参加も活発で、投票率は80％以上と高い。自分たちの生活を守ってくれる政治家を真剣に選ぶからだ。

デンマークはアンデルセンの童話でも有名だが、現地ではアンデルセンは正義を語る哲学者として評価されている。なぜなら、『親指姫』は試練と希望、『人魚姫』は自立の大切さ、そして『裸の王様』は権力にしがみつく人間の愚かさを教えているからだという。教育勅語よりよっぽど立派ではないか。

もちろん、デンマークにも増える離婚、減らない自殺など問題がないわけではない。

ただ人びとはマイペースで働き、生活には活気と潤いがある。環境保全に配慮がなされ、経済活動も盛んで、レゴブロックで日本でもお馴染みのレゴやビールのカールスバーグ、陶磁器のロイヤルコペンハーゲン、ジュエリーのジョージ・ジェンセンなど世界的に競争力のある企業もある。

だから、デンマークの平均年収は日本の2倍ほどの約780万円もある。とにかく個人が自立して、自由なライフスタイルを選択できているのだ。

定年制度のない国

考えてみれば、定年制は理不尽な制度だ。どんなに能力があっても、頭脳も身体もすこぶる元気でも、一定の年齢になると「長い間ご苦労様でした」の一言とともに職場から放り出されてしまう。

それは企業の論理に基づいていて、長年働いてきたあなたの気持ちは何ひとつ考慮されていない。ほんの一握りの経営者だけが社長、会長、相談役という「延命」が許されているだけだ。残念ながら、たぶんあなたはそのひとりではない。

デンマークでは特別に決まった定年制度がない。えっ、と驚かれたかもしれない。そうなのだ。だから高齢を理由に解雇されたり、給与を下げられたりすることはない。

それでも年金の支給が始まる65歳前には、第二の人生を愉しむために自主的に退職する人がほとんどである。年金額は夫婦合わせて日本円で年間約300万円くらい。

ただし、生活費に不安のない高額所得者は年金が減額されるか、支払われない。そんなの不公平だと、日本の金持ちなら頭から湯気を上げて怒るだろう。だが、デンマークでは、幼い頃からの教育で「みんなが協力して暮らす」という共生の精神が根付いているのだ。貧富の差が少ない社会は、この精神によって実現しているのだ。

高齢者向けの介護サービスも自己負担がほとんどなく、内容も細やかな配慮がなされていて充実している。

といっても、欧米や最近では日本でも見られるような、富裕層向けの介護付き高級住宅のような華美なものは見当たらない。利益を優先する民間の高齢者サービスを認めていないからだ。ここでも格差の少ないサービスが意識されている。こうした「高負担」を上まわる「高福祉」が、退職後の生活の安心を与えてくれるのだ。

日本では残念ながら、そんな老後の安心は一部のお金持ちを除いて、まったく保証されていない。長寿が悪夢になり、「老後破産」などの不吉な言葉が囁かれている。「夢を見なくなった高齢者たち」なんてＮＨＫに言われると、余計なお世話だと思わずチャンネルを変えたくなる。

だが、年収２００万円未満の労働者、いわゆるワーキングプアーが１１００万人を超えたという話を聞くと、老後破産予備軍の巨大な姿が浮かんでくる。戦後、なんでもアメリカの真似をしてきた罰が当たった。

これからの日本の定年後は『人魚姫』の教えの通り、自分で誇り高く自分らしく生きるという強い意志を持つことから始める必要がある。幸いなことに、僕らの世代のシニアのほとんどは、そのための意志も必要最低限の財力も持っている。マスコミのステレオタイプにあわせて、うつむいて生きる必要などさらさらない。他人と比較して自分を疲れさせるのは止めよう。

もちろん、何もしないでだらだら生きるのもひとつの選択だ。それを推奨するベストセラーもある。だが、なんだか面白みがない。「あの時、ああしていればよかった」ときっと後悔する。僕も後悔することは多いが、本音はやっぱり最後の日まで気の合った仲間たちと語りあえる、かっこいいアクティブ・シニアでいたい。

ヒュッゲって何だ？

デンマークでは蝋燭（キャンドル）が欠かせない。といっても、あなたが想像しているような怪しげな行為のためではない。「ヒュッゲ」の大切な小道具なのだ。そんなの知らないという読者も多いだろう。ヒュッゲとは、デンマーク語で「居心地がいい時間や空間」という意味。デンマーク人がとても大切にしている価値観であり文化だ。ちょっと大袈裟に言えば、国民のアイデンティティに近いといってもいい。

具体的には、暖炉を囲みながらキャンドルを灯して、友達や家族とコーヒーや手作りケーキを食べて「ほっこり」する時間を愉しむというもの。それだけだ。それが今、イギリスやアメリカのライフスタイル業界に新たなブームを起こしているという。

デンマークの冬は暗くて、寒くて、物価が高い（これは年中ですが）。三重苦だ。高福祉社会で残業もなく、自然と家で過ごす時間が長くなる。そんなスローな時間を家族や気の合う友人たちと、家の中や日差しが暖かいテラスで愉しく過ごす術を彼らが見つけたのは自然の成り行きだろう。デンマークのデザインや建築にも象徴されるシンプルで豊かな生き方は、日本人である僕たちの定年後の生き方のひとつの選択肢だと思う。

ちなみに、イギリス版『マリ・クレール』元編集長で、デンマーク移住を機に退社したヘレン・ラッセルさんによれば、デンマーク的に暮らすには以下の10のコツがあるという。

1. **信頼する**（もっと信頼する）
2. **ヒュッゲをする**
3. **身体を使う**（走る、ジャンプする、ダンスする、セックスする）
4. **美に触れる**
5. **選択肢を減らす**
6. **誇りを持つ**
7. **家族を大切にする**
8. **すべての職業を尊敬する**
9. **遊ぶ**
10. **シェアする**

ベーシックインカムという選択肢

デンマークのような社会づくりが難しければ、別の選択肢も考えられる。ベーシックインカムだ。

仕事も蓄えもなく生きる術を失った者は、たいてい盗みに走る。罰を重くしたところで盗みは減らない。それならば、すべての人に最低限必要な定収を与えればよいのではないか。イギリスの思想家トマス・モアは1516年に発表した『ユートピア』の中でそう書いた。人びとが自由平等、そして平和に暮らす理想郷を描いた作品だ。

そのユートピア思想が、半世紀の時を経て、現代に蘇りつつある。資本主義の暴走とテクノロジーの進歩があいまって、世界中で金持ちはさらに金持ちになり、貧乏人はさらに貧しくなる所得格差が、世界的に危機的レベルまで広がっているからだ。

アメリカの富裕層上位1％が国民総所得の3割以上を占めているのは許せないという怒りの爆発が、数年前に世界的なニュースにもなった「ウォール街を占拠せよ」デモ。ご記憶の方も多いだろう。

しかし、アメリカは平等を愛する一方で、金儲けに血眼になるというダブルスタンダードのお国柄である。無一文でも努力すれば大金持ちになれる、というのがアメリカン・ドリーム。格差など、あって当たり前なのだ。それに、富裕層のほとんどは自助努力で社会に貢献し大金持ちになった人。大切なのは1％の大金持ちを批判することではなく、残り99％の人びとの所得水準を上げて、将来に対する不安を減らす政策をとることとだろう。

そこで注目を浴びているのがベーシックインカムだ。基礎年金、雇用保険、生活保護などの既存の複雑な生活保障を廃止する代わりに、個人の口座に国から一定の金額が年齢、性別、収入などに関係なく無条件に毎月非課税で振り込まれるシンプルな制度だ。

例えば、毎月成人1人につき10万円、子ども1人につき7万円だとすると、子ども2人の夫婦には34万円が毎月給付されることになるのである。これならば路頭に迷う心配がない。

そんなことをしたら誰も働かなくなるのではという批判の声があるが、様々な調査結果によれば、ベーシックインカムが導入されても人びとはより良い生活を求めて就労し税金を払うという。この制度のメリットは、失業の不安なく自由な働き方を選べる、行政手続きの簡素化、労働市場の効率性向上、透明性向上などだ。

２０１８年6月にスイスでおこなわれた国民投票でベーシックインカム導入は否決されたが、国民投票を実施するまでに関心が高まっていることに注目したい。フィンランド、オランダ、カナダなどではすでに実証実験を含む研究が進んでいる。

導入までの主なハードルは3つある。それは財源、労働意欲、経済競争力の問題だ。

1つ目の財源は、行政コストの大幅な減少と税制改革で賄うことができる。例えば、累進課税で現在最高45％となっている所得税率を一律45％にしてはどうか。すでに高い税率を支払っている高所得層にとってはほとんど影響がない一方で、低所得者層にとってはベーシックインカムによる収入が増税分を上回るからお得感がある。何よりも安定収入が保証されているのだから、将来に対する不安が激減する。仕事がなくなる役人は反対するだろうが。

2つ目の労働意欲の問題とは、働かなくても最低限のお金を貰えるようになると人が働かなくなってしまうのではという危惧だ。そういう人も少しはいるだろうが、ほとんどの人はより豊かな生活を求めて働き続け納税するだろう。

1974～79年の6年間、カナダのマニトバ州ドーファンでおこなわれた実証実験では、全体の就労時間は以前より多少短くなったが、それは金銭的な束縛から解放された人びとが子育てや勉学に集中するようになったからだという。貧困は目に見えて減少したそうだ。政権交代によって実験が中止されたのは残念としか言いようがない。スイス政府が国民投票前におこなったアンケート調査でも、仕事をやめると答えたのは全体のわずか8%だった。

3つ目の経済競争力が失われるかどうかだが、人びとが将来の生活に不安なく自分の能力をフルに発揮できる仕事を求められるようになれば、今よりクリエイティブな発想が生まれ、実現されるかもしれない。

じつはもうひとつ21世紀的な問題がある。それはロボットに仕事を奪われた後の人びとの生活である。恐ろしい話だがこれはすでに夢物語ではない。シリコンバレーの名だたる起業家たちがベーシックインカム導入に賛成しているのも頷ける。

もちろん、こうした大変革は一朝一夕には実現しない。段階を踏む必要があるだろう。すでにアメリカ、イギリスを含むいくつかの国では、就労を条件に給付を受けることができる制度が導入されている。「給付型税額控除」と呼ばれるもので、いわば部分的ベーシックインカムだ。不毛な金持ち批判を続けるよりは、こちらのほうが一考に値するだろう。

スモール・イズ・ビューティフル

「大は小を兼ねる」という言葉がある。大きいものはそれ自体の役割の他に、小さなものの代わりとしての役目も果たすが、小さいものは大きいものの代わりにはならないという意味だ。中国漢代の政治道徳論文集『春秋繁露』の中にある一文が由来らしい。

戦後日本の目覚ましい復興は、まさにこの考え方の上に成り立ってきた。焦土と化した祖国に残された政府も国民も、ひたすら経済成長のために突き進んできたのである。

すべてのことが経済成長最優先で決められた。工業化推進のため、学校教育は均質な労働者を大量生産することに重点が置かれ、金太郎飴のようなサラリーマンが世に溢れ返った。企業は製品を大量生産し、ひたすら規模の拡大に血眼になった。見上げるような巨大本社ビルや大工場が成長のシンボルだったからだ。とにかく、国内総生産（GDP）が大きくなればなるほど、豊かになり幸せになれると誰も信じて疑わなかった時代だったのである。

その象徴が1960年に池田勇人首相がぶち上げた「所得倍増計画」だろう。10年間で月給が2倍になるという、誰にもわかりやすい政策で国民に強烈にアピールした。結果は高度経済成長の波に乗ったこともあって、10年を待たず7年でその目標を達成したから、国民は拍手喝采だった。国民一人当たりの消費支出は10年で2・3倍になり、「東洋の奇跡」とまで讃えられたのである。

だが、その華々しい奇跡の裏側では、四日市喘息、水俣病などの深刻な公害問題、都市への人口集中、農業の荒廃、拝金主義の蔓延、貧富格差の拡大など様々な問題が起きていた。

そしてついに1972年、衝撃的なレポートが発表された。アメリカのマサチューセッツ工科大学（MIT）のデニス・メドウズを中心とした若手研究者グループによる研究報告書『成長の限界－ローマ・クラブ「人類の危機」レポート』（ダイヤモンド社）である。

この報告書では、このまま我々が経済成長を続けていくと、人口増加、食料不足・資源欠乏、環境汚染悪化などによって、人類社会は100年以内に制御不能な危機に陥ると警告した。

ほぼ同じ頃、イギリスの経済哲学者E・F・シューマッハーは名著『スモール・イズ・ビューティフル』（講談社）を出版した。その中で彼が予言した石油危機が1973年に現実のものとなり、世界経済は大混乱に陥った。

そうした苦い経験から「大は小を兼ねる」という考え方に疑問を持つ人が増え、環境問題にも関心が高まってきたが、いまだに経済成長神話そのものは歴然と生き続けているのが現状だ。第二次安倍政権が、2014年度は約490兆円だったGDPを、東京オリンピック開催予定の2020年までに600兆円に押し上げることを目標に掲げているのがいい例だろう。

成長をめざすこと自体は悪いことではないかもしれない。しかし、我々がかつて無尽蔵にあると思っていた水、空気、エネルギーなどの天然資源が、じつは有限であることを忘れてはいけない。地球の表面の7割は水面に覆われているが、我々が容易に利用できる河川や湖水の淡水はそのわずか0・01%でしかないのである。そこに70億人超の人間が生活しているのだから、問題が起きるのは当然だろう。

僕たちが着ている洋服にサイズがあるように、すべての物事には適正な規模があるのではないか。例えば、適正な都市人口はどのくらいだろうか。誰も正確には言い当てられないだろうが、シューマッハーは50万人が上限だと分析した。それを超えてニューヨーク(854万人)、ロンドン(879万人)、東京(1378万人)のような巨大都市になってしまうと、人びとは犯罪の恐怖、孤独感、ストレスなどの深刻な問題に苛まれるようになるというのだ。

企業経営でも同様なことが言えるだろう。かつてインタビューしたことのあるヴァージン・グループ創設者で会長のリチャード・ブランソンは、企業の規模を自分の「目や考え方が届く範囲内」に抑えるように努力していると言っていた。規模拡大ではなくサービスの向上こそが経営者、従業員、そしてもちろん顧客にとっていちばんよい結果をもたらすからだという。

定年後の人生にとって、「スモール・イズ・ビューティフル」は再考に値する考え方だと思う。僕たち人間は幸せになろうとして不幸になったのかもしれない。一生懸命働いて開発した技術の大部分は我々の生活水準向上に貢献したが、結果として資源枯渇、環境破壊、格差拡大をもたらした。そんな自信満々の物質文明が行き詰まり、先行き不透明になった今、未来に対する確信がなく、不安だけが蔓延している。

古代アテネの哲学者エピクロスも言っている。「贅沢な暮らしを維持するためにあくせくするのは、その暮らしから得られる喜びを上回る苦痛である」と。デンマークの人たちはそのことに気づいたんだな。

生きる歓びと
死への意識を持つ

定年後の人生計画は必要か

人生計画？　それはないよりは、あったほうがいいだろう。だが、サラリーマン時代の事業計画や中期経営計画を書くのとは違って、案外難しい。まず計画終了年がわからない。60代であの世に行くかもしれないし、120歳まで生き続けるかもしれない。財務状況も体調も予測しにくい。第一に、何を本当にやりたいかわからない。それなら成り行きにまかせればいいいか。戦後、数々のヒット曲を歌った美空ひばりさんの名曲『川の流れのように』にあるように、時の流れに身をまかせて空が黄昏に染まるのを見ながら終わるのも、ちょっとロマンチックで悪くない。

僕が人生計画ということに真剣に興味を持つようになったのは、40代半ばで本多静六著『人生計画の立て方』（実業之日本社）という一冊の本に出会ったことだった。

本多静六は、江戸末期に生まれ、明治、大正、昭和と4つの時代を生き抜いた日本屈指の事業家で、苦学の末、日本初の林学博士となり日比谷公園の設計や国立公園の設置にも尽力した人物である。北海道の大沼公園、室蘭公園、会津若松の鶴ヶ城公園、埼玉の大宮公園、長野県の臥竜公園、名古屋の鶴舞公園、大阪の住吉公園など日本の公園で名の知られたところは、ほとんど造園技師としての本多翁の手に掛かったものだ。

1952年、85歳でこの世を去っているが、「人生即努力、努力即幸福」という明快かつストイックな人生哲学に、僕はたちまち魅せられた。

なにしろ最初に「人生計画を立てることなくして、何人も完全な意義ある人生を築き上げることは難しい」と書かれていた。それまで無計画な生き方をしていた僕は、いきなりげんこつで頭をガツンと殴られたような衝撃を受けた。本多翁は生涯で370冊あまりの著作を残している。晩年に自身の人生計画を体系的に書き上げたものが、僕が初めて読んだ一冊だった。

彼は、人間は本能で行き当たりばったりで生きている野獣とは違い、「計画生活をおこなう動物なのだ」と唱えている。つまり、僕のようないい加減な人間でも、必ず本質的に計画性があるというのだ。振り返れば、確かに僕もスケジュール帳(今はグーグルスケジュール)を使ってきた。新年の始めにはその年の目標を書いていた。典型的な三日坊主で達成できたためしはないが。

今から60年以上前の1952年に刊行された『人生計画の立て方』では人生を以下の4つの期間に分類し、それぞれのポイントを整理している。

1. 教練期(6~20歳)

頭と身体を健全に発育させる

2．勤労期（21～65歳）

自分のためにも、お国のためにも、人生の最高の活動期として、悔いが残らないよう活躍する

3．奉仕期（66～85歳）

おカネや名誉を超越して、これまでに培ってきた経験と新しい知識を生かして、お国や他人のために働く

4．楽労期（86～120歳）

晴耕雨読のような、晴れては働き、雨の日は勉強するといったシンプルライフを愉しみつつ、そのかたわら後進の相談などに乗る

日本人の平均寿命が60歳程度の頃に、すでに120歳までの人生計画を立てていた本多翁にはまさに脱帽だ。彼の人生計画に従うなら、定年後も働き続け、その後はおカネや名誉など気にかけず国と他人のために働かなくてはならない。安楽な晴耕雨読の日々は80代半ば過ぎてから、まだまだ先のことだ。

常に心を快活に保ち人事を尽くして時節を待てば、安心して幸福な一生を送れるとい

う。本多翁は、人間は慢心、贅沢、怠惰、名利の4つを慎めば120歳まで生きられると信じていた。お釈迦様も80歳を下寿、100歳を中寿、120歳を上寿と唱えているではないかと。

蓄財王としても知られた本多翁は、山林、土地、株などの売買で数百億円ともいわれる巨万の富を築いたが、「大財産や名誉は幸福そのものではない」として60歳の時にその大部分を匿名で教育、公共の関係機関などに寄付したという。

はっきり言って、僕にはぜったい無理です。

僕の場合、こうなりたいという具体的な目標を掲げて生きてきたわけではなく、世の中の出来事を追いかけているうちに、ジャーナリストという道の上を歩き続けてきただけだからだ。

ひとり暮らしが多数派になる?

日本では「2025年／2030年問題」が起きるという。

2025年問題とは、団塊世代が次々とあの世に召されていく現象だ。その頃になると団塊世代が後期高齢者（75歳以上）となるため、毎年の死亡数は150万人台（出生数の約2倍）に達すると国立社会保障・人口問題研究所は推計している。人口の高齢化率（65歳以上の割合）も30％を超える。

その一方で、日本は世界最長寿国。日本人の平均寿命が人類にとって未経験の90歳に到達する日もそれほど遠くないといわれている。

長生きできることは本来喜ばしいことのはずなのだが、長寿社会を支えるシステムがまったく追いついていないのが現状だ。その結果、急増しているのが「老後破産」である。「すべて国民は、健康で文化的な最低限度の生活を営む権利を有する」という日本国憲法第25条が虚しく響いて、なんともやるせない。

2030年問題とは、未婚や離別、死別によって単身世代が急激に増えるという問題である。2030年代になると、なかなか結婚できない団塊ジュニア世代が中高年となって単身化が進み、男女合わせた全世代でひとり暮らしが40％に迫ると予測されているのだ。2035年には高齢者の40％近くが単身世帯になるといわれている。社会学者デビッド・リースマンの名著の表題を拝借すれば、「孤独な高齢者の群衆」がごまんといる社会だ。

だが、この単身世帯現象が起きているのは、実は日本だけではない。アメリカでも

「おひとり様暮らし」が記録的に増えているのだ。人口動態調査によると、アメリカの成人の51％しか結婚しておらず、全世帯の28％がひとり暮らし。これは１９６０年と比べると2倍の数字である。

しかし、日本と似ているのはそこまでだ。なぜならアメリカではひとり暮らしを積極的に選択し、自分は豊かな人生を歩んでいると感じている人が多いからだ。

その証拠に、独身者たちは結婚したカップルよりも外食や買い物を楽しみ、ジムで汗を流し、絵画教室などの様々なイベントに顔を出し、ボランティア活動にも積極的に参加している。しかも旺盛な消費によって彼らはアメリカ経済の成長にも寄与しているという。

彼らは明らかに孤独ではない。同じ価値観を持った人たちが集まって積極的に本音を語り合っているのだ。フェイスブックなどのソーシャルネットワークも頻繁に利用している。「うまくいかない結婚関係を続けるぐらいならひとり暮らしがいい」「孤独感に苛まれることはないわ」と言ってのける60代の女性もいるくらいである。

しかし、老いてのひとり暮らしは本当はどうなのか。

男の「没イチ」は情けない

１０５歳になる美術家篠田桃紅さんは、ベストセラーとなった著書『一〇三歳になってわかったこと』（幻冬舎）の中で、人生はひとりでも面白いと書かれている。ただし、老いてひとりで生きるには作法があると。

まず、「生まれて死ぬことは、考えても始まらない」。

篠田さんは長寿を願ったことも、死を意識して生きたこともないという。さらに、自らの足で立っていれば、「人生は最後まで自分のものにできる」のだそうだ。僕はどうもそこまで達観できそうもない。

だが、前にも述べたが、88歳で三重県の自宅でひとり暮らしをしている自分の母を見ていると、篠田さんの言葉の意味がよくわかる気がする。父が70歳で他界した時は、さすがに生きる力を失ったように見えたが、しばらくして何か吹っ切れたように老人会の仲間と社交ダンスや麻雀を楽しむようになり、海外旅行にも出かけるようになった。

とにかく誰にも迷惑をかけず、あの世からお呼びが来るまでひとりで生きるという決意が感じられ、すっかり元気になった。とはいえ最近は衰えを感じているようで、とにかく転ばないように気をつけている、と会うたびに話している。骨折したらひとり暮らしができなくなるからだ。

離婚した人を「バツイチ」と呼ぶことになぞらえて、配偶者を亡くした人を最近では「没イチ」と呼ぶらしい。男の「没イチ」は情けなくて、妻が逝ってしまうと孤独に陥りやすく妻の後を追うように亡くなるケースがあるという。アメリカ・ロチェスター工科大学の研究によれば、妻を亡くした男性は平均よりも早死にする可能性が30%も高いそうだ。男性の場合、物理的かつ精神的に世話をしてくれていた妻を失うと、その喪失が健康に直接影響を与えるからだそうだ。

男はたいてい「妻より自分が先に死ぬ」と思い込んでいるから「没イチ」の準備ができていない。定年後は、万が一のために、妻に頼らないひとり暮らしの準備をしておいたほうがよさそうだ。積年の恨みが爆発して三下り半を妻から叩きつけられることだってあるかもしれない。とりあえず、パートナーは大切にしておいたほうが後々のためだ。

映画を楽しむ人生

僕の第二の人生の息抜きは、かねてから買い集めておいた洋画のDVDをひとりで自宅のテレビで観ることだ。

いちばんのお気に入りは、誰がなんと言おうと、イギリスの作家イアン・フレミングのスパイ小説を映画化した007シリーズ。何度見ても見飽きないから不思議だ。自慢ではないが、主役である英秘密情報部（MI6）の工作員ジェームズ・ボンドが持つアタッシェケースに似せたアルミのケースに全作収納してある。ハラハラドキドキのアクションはもちろんだが、ボンド役の俳優やボンドガールの顔ぶれを見ているだけで、それぞれの時代背景が浮かび上がってきて面白い。

これまでショーン・コネリー、ジョージ・レーゼンビー、ロジャー・ムーア、ティモシー・ダルトン、ピアース・ブロスナン、ダニエル・クレイグと6人の男優がボンド役を演じてきたが、なんといっても初代のショーン・コネリーが圧倒的にいい。もじゃもじゃの胸毛で男の匂いをプンプンさせて、悪人をやっつけながら、セクシーな美女とお楽しみだ。男はあくまで強くおしゃれで、女は妖艶で豊満で美しい。大人の男と女が下心を持ちながら見つめ合う、古き良き時代を象徴している。

5作目の『007は二度死ぬ』は日本が舞台で、1964年の東京オリンピック開催直後の高度成長期の東京でロケがおこなわれたため、東京タワーや地下鉄丸ノ内線、ホテルニューオータニ、旧蔵前国技館、銀座4丁目交差点など、お馴染みの風景が随所に出てくる。若き日の女優若林映子《あきこ》と浜美枝がボンドガールを演じていたなあ。現在の6代目ダニエル・クレイグになってからはアクション中心で、大人の風格や洒脱さがない。これも時代の流れだろう。

007シリーズで思い出したが、三代目MI6長官「M」を演じたジュディ・デンチが主演する『あなたを抱きしめる日まで』は、親子の愛情を描いて涙を誘う名作だ。生き別れた息子を探すため、イギリス、アイルランド、そしてアメリカへ。そして50年の時を経て、真実を見つける。

第二次世界大戦中にナチスの虐殺から多くのユダヤ人を救ったドイツ人実業家を描き、アカデミー賞7部門を受賞したスティーブン・スピルバーク監督の『シンドラーのリスト』も大切な一本。

『オリエント急行殺人事件』や『そして誰もいなくなった』で有名なアガサ・クリスティのミステリーは映画だけでなく、原作もほぼすべて読んだ。

フランシス・コッポラ監督でマーロン・ブランドが主演した『ゴッド・ファーザー』も不朽の名作だ。娘のデンマークでの結婚式で新婦の父としてファーストダンスを踊らなければならなくなった時、60歳を超えた僕はこの映画の結婚パーティのシーンを見ながら初めてワルツの特訓をした。

知的シングルになるためにゴルフ映画も欠かせない。ケビン・コスナー主演の『ティン・カップ』、ロバート・レッドフォード監督の幻想的な作品『バガー・ヴァンスの伝説』、偉大なアマチュア・ゴルファーの生き様を描いた『ボビー・ジョーンズ～球聖と呼ばれた男』などなどが本棚に並んでいる。

僕のいち押しは『グレイテスト・ゲーム』だ。ゴルフがまだ紳士だけのゲームだった時代に、労働者階級生まれの無名のアマチュア・ゴルファー、フランシス・ウィメットが並み居る強豪を破って全米オープンを制する実話に基づいた作品だ。何回見ても手に汗を握り、エンディングで涙腺が緩む。

映画ではないが、イギリスBBC放送の連続ドラマで貴族の没落を描いた『ダウントン・アビー』シリーズも、ひとり悠久の時の中で人生を振り返るにはもってこいだ。当時の風景とイギリス貴族の生活様式、衣装などが細部にまで余すところなく描かれていて美しい。役者も超一流だ。芸能プロダクションにおもねって、学芸会レベルの演技しかできない若手を起用する日本のテレビドラマとは雲泥の差である。

同じくBBC制作の『シャーロック』シリーズも保存版だ。ご存じアーサー・コナン・ドイルの探偵小説『シャーロック・ホームズ』をテレビドラマ化したイギリスで大人気のシリーズだ。主役のベネディクト・カンバーバッチ演じるホームズが、アフガン戦争に軍医として従軍したジョン・ワトソン（マーティン・フリーマン）と次々に難事件を解決していく。ただし、「世界で唯一のコンサルタント犯罪者」と自称する宿敵モリアーティとの闘いは続いている。21世紀のホームズは、スマートフォンやインターネットなど最新技術を駆使しており、話の展開や映像効果はまさに秀逸で目が離せない。

日本映画なら独特の映像世界で数々の名作を生み出した黒澤明監督や『東京物語』の小津安二郎監督の作品がいい。古くさいとか爺くさいとか言われても、まったく気にしない。いい映画は何年経っても色あせることがないからだ。

「百年ぐらいで人間の心はそう変わらない」

映画がこの世に生まれて100年あまり。そのあらかたを銀幕とともに生きてきた名優仲代達矢さんの言葉だ。

大河小説こそ老後の贅沢

旅に出かける時、僕は必ず小説を数冊カバンに詰めて持って行く。新幹線や飛行機で移動している間は、誰にもじゃまされない自分だけの空想の世界に入り込めるからだ。そのためにグリーン車やビジネスクラスを予約しているといっても過言ではない。

外出しなくてもかまわない。仕事の重圧から解放されたあなたなら、自宅でのんびりとコーヒーでも飲みながらページをめくるのも悪くない。たちまち物語の世界に吸い込まれていく。

僕は気に入った作品と出会うと、その作家の作品ほとんどすべてを読む。トム・クランシー（軍事諜報テクノサスペンス）、ジョン・グリシャム（法廷サスペンス）、シドニー・シェルダン（メロドラマ）、ダン・ブラウン（カルト・サスペンス）などなど。洋書ばかりで自分でもちょっとキザだと思うが、なにしろ20年以上欧米メディアの記者をしてきた人間だからお許しいただきたい。

そんな中でとりわけハマったのは、イギリス人作家ジェフリー・アーチャーだ。1940年、ロンドンに生まれたアーチャーは名門オックスフォード大学を卒業。保守党から立候補して最年少下院議員として当選したが、1973年に北海油田の幽霊会社に投資して財産のすべてを失い、政界を引退したという波瀾万丈の人生を歩んできた人物だ。

その体験をもとに1976年に発表した処女作『百万ドルをとり返せ！』（新潮文庫）

がベストセラーとなり、借金を完済。その後政界に復帰したが、今度は友人のスキャンダルに巻き込まれて偽証罪で有罪判決を受けて服役。その時のことをちゃっかり『獄中記』（ゴマブックス）として出版しているから、小説家がじつは彼の天職なのだろう。現在は男爵の称号を受け、貴族院議員を務めるかたわら小説を書き続けている。

なにしろ20冊以上の小説を発表しているので、読破するのは骨が折れるが、どの小説も歴史や文化が満載の知的刺激に溢れていて、読み出すともう止まらなくなる。とにかく扱うテーマが政界、経済界、メディア、小売業、アート、犯罪、聖書まで幅広い。つまり、ありとあらゆる世界に連れて行ってくれるのだ。

２０１１年に発表した『遥かなる未踏峰』（新潮文庫）に至っては、エベレストに消えた登山家ジョージ・マロリーの半生を追った青春冒険小説だ。

エドモンド・ヒラリー卿とシェルパのテンジンが公式記録としてエベレスト初登頂したのは１９５３年。しかし、それより30年近く前の１９２４年にマロリーは防寒服もないまま人類初のエベレスト初登頂をめざし、帰らぬ人となった。その後、１９９９年６月８日、エベレスト北東陵８１５６メートルのところで75年ぶりにマロリーの遺体がミイラ状態で発見されたが、所持品の中には登頂に成功したら山頂に置いてくると約束した妻ルースの写真はなかった。はたして、彼は登頂に成功したのか……。

けっこうボリュームがあったが（日本語訳は上下巻）、テンポのよい文章と物語展開で、僕は想像の中ではらはらしながらマロリーとエベレストを登っていた。こんな贅沢は老後の愉しみに取っておきたかった！

極めつけは、彼がすべてのエネルギーを注ぎ込んだ代表作になるであろう『クリフトン年代記』全7部（新潮文庫）だ。イギリスの名門クリフトン家とバリントン家の親、子、孫、ひ孫の四代の人生を通して、人間の美醜・賢愚を描いた大河小説で超長編なのに息をもつかせない話の展開だ。２０１１年に第1部『時のみぞ知る』が発表されてから、第7部『永遠に残るは』で２０１６年に完結するまで5年もかかった。最初は安価で簡単に持ち運びできるペーパーバックを待ったが、第2部からはどうしても続きが読みたくて、欧米の空港で平積みにされていた大きくて、重くて、価格も高いハードバックを買うようになった。

このアーチャーの類い希なる文才に、物書きの端くれのひとりとして僕は、はじめ嫉妬のようなものを抱いたが、それがやがて羨望、そしていつしか尊敬に変わっていった。

退職したらいつか彼のような小説を書いてみたい。そう思っていたら、男性シニア層に「小説家」志望が急増しているという。確かに書店には「文章の書き方」本が並んでいるし、朝日カルチャーセンター主催の「文章通信講座」なども人気だそうだ。あわよくばベストセラーを書いて老後資金の一攫千金を狙っている。やっぱり同世代で考えることは似たり寄ったりだね。

死ぬまで矍鑠としていたい

死ぬまで矍鑠《かくしゃく》としていたい。それは誰もが抱いている偽らざる願望であろう。では人はいったい何歳まで元気に生き続けられるのだろうか。前にも紹介したフランス人女性、ジャンヌ・カルマンは１２２歳という世界長寿記録を打ち立てた。１００歳でもひとりで自転車を乗り回し、１２１歳の時にはラップ音楽のＣＤを発表したというから驚きだ。考えてみれば、彼女は蓄音機が発明される以前に生まれていたのだから。

日本でもカルマンさんに負けないくらい元気な人がいた。プロスキーヤーで冒険家の三浦雄一郎さんの父、三浦敬三さんである。日本スキー界の草分けのひとりとして知られる敬三さんは、白寿（99歳）でモンブラン山系の氷河バレー・ブランシュを滑降するという快挙を成し遂げた。

先日、80歳で三度目のエベレスト登頂に成功し最高齢登頂者となった雄一郎さんと銀座でお食事をする機会があったが、父敬三さんは2006年に101歳で亡くなる少し前までスキーを滑っていて、骨折しても医者に行かずに治してしまったという。まさに超人的体力と精神力の持ち主である。

とても真似はできないと思っていたら、誰でも元気に長生きができる薬の開発がもう目前に迫っているという記事をアメリカの経済誌『FORTUNE』で見つけた。

その記事によると、アメリカの「the federal National Institute on Aging」ではすでにマウスの寿命を200%延ばす研究にメドがついたとのこと。動物の延命メカニズムはすでに前から解明されているのだそうだ。一言で言えば、カロリーの低い食事を与えるのである。通常より3〜4割少ないカロリーのエサしか与えられなかった動物は、生命維持と種の保存のために3〜4割も長生きすることが実証されているという。CR (caloric restriction) と呼ばれる方法だ。

しかし、よほどの物好きか変人でない限り、食べたいものも食べられずにガリガリに痩せた体で長生きしたいとは思うまい。そこで期待が寄せられているのが長寿薬である。美味しいデザートを心置きなく食べながら無理をせず元気に老後が過ごせるとしたら、こんなにありがたい話はない。

すでに存在する薬品に延命効果があることもわかってきた。例えば、metforminなどの糖尿病薬はCRと同じような効果があるし、aspirinのような鎮痛解熱薬にも老化を遅らせる効果がある。さらに、赤ワインに含まれているresveratrolは細胞を長生きさせるそうだ。これならいくらでも飲める。

もちろん、すべての人が人工的な延命に賛成しているわけではない。人は自然に生まれ、自然に死ぬべきだというのだ。しかし考えてほしい。衛生管理や抗生物質、さらには車のシートベルトだって人命を人工的に延ばしているではないか。この流れはもう止められないだろう。同記事では、最後に40代の人が長生きするための8つの秘訣が書かれていた。60歳を過ぎた僕らの世代には手遅れかもしれないが、ご参考までに。

1. ストレスを貯めない
2. 血圧を上115下76程度に保つ
3. 毎日90分歩くか運動をする
4. 喫煙を止める
5. 必要なビタミンを摂取する

6．歯をきれいに保つ
7．お酒は一日1〜2杯まで
8．月14回セックスを楽しむ

これをすべて励行すると6年は長生きできるらしい。月14回では寿命が逆に縮むのではとお感じの男性諸氏、ごもっともです。

愛の妙薬

それならば、強精剤が必要ではないか。定年を迎えた男性なら、内心気になるところだろう。

一世を風靡した世界3大テノールのひとり、ルチアーノ・パヴァロッティが十八番にしていた歌劇は、ドニゼッテイの『愛の妙薬』だった。地主の娘に一目惚れした純朴な村の青年ネモリーノが、いかさま薬売りからニセの惚れ薬を売りつけられるお話だ。

僕がオペラファンになるきっかけとなった出し物だが、アメリカでは本物の「愛の妙薬」をめぐって製薬メーカーが激しい火花を散らしているという。1998年にF社から売り出された勃起不全（erectile-dysfunction）治療薬「バイアグラ」は、意外にも予測ほどは売り上げが伸びておらず、競合2社が新製品「レビトラ」(Levitra)などでその牙城を切り崩そうとしているというのだ。

他の業種と違い、現在の製薬業界では「一番手の優位性」(first-mover advantage)は存在しない。むしろ、ピーター・ドラッカーの定説のひとつとなった「創造的模倣者」(creative imitators)が市場を支配するケースのほうが多いくらいなのだ。例えば、頭痛薬として一世を風靡したB社の「アスピリン」を、後発の「タイラノール」や「イブプロフェン」が今や凌駕している。

日本では、30代の半分近く、40代で半分以上の男性が勃起に関して問題を抱えているというから、日本がこうした薬の主要マーケットになることは間違いないだろう。

ちなみに、セックスの回数に関して「九九の法則」があるという。20代なら2×9＝18。この18を10と8に分解し、答えは10日に8回。50代なら5×9＝45だから40日に5回だというのだ。60代なら50日に4回になる計算だ。よほど暇な人間が考えたのだろう。

別の計算の仕方では、年代の最初の桁の数字を2乗した数字がその年代の平均的性交間隔日だという。つまり、40代なら4の2乗だから16日に1回、50代なら25日に1回となる。60代なら36日に1回。相手の女性にもよるだろうが、アベレージ以上の男性はどのくらいいるのか。メジャーリーグで打てなくなって苦戦しているイチロー選手の気持ちがわかる気がする。男は辛いよ。

悲しき男の病

アメリカのトランプ大統領のロシア疑惑の弁護団に入って、さっそく物議を醸しているルドルフ・ジュリアーニは元ニューヨークの名物市長だった。2000年の上院議員選ではヒラリー・クリントンと熾烈な戦いを繰り広げるはずだったが、早々と戦線離脱を余儀なくされたことでも知られている。理由は男の病である前立腺がん。さぞかし悔しいことだろう。さらに、もうひとつの男の病（?）である不倫が原因で、長年連れ添った夫人とも離婚している。やはり糟糠の妻は大切にしたほうがよい。

その時、ジュリアーニ元市長の前立腺にアメリカのメディアの関心が集まった。それもそのはず、アメリカ男性の間では前立腺がんが皮膚がんに続いて2番目に多く、がん死の原因としても同じく2位にランクされていたからだ。ちなみに1位は肺がんである。

前立腺は年齢とともに肥大する。もともとはクルミほどの大きさだが、場合によってはレモンまで膨れ上がるそうだ。その結果、おしっこが出にくくなったり、勢いが弱まったり、夜間に頻繁にトイレに行きたくなる。遺伝によることが多いようだが、幸いなことにアジア人のほうがアメリカ人よりリスクが低いのだそうだ。

しかし、アジア人でもアメリカに住むとリスクが高くなるというから、食生活とも密接な関係がありそうだ。「先祖は変えられないが、食生活は変えられる」というわけで、専門家は肉や乳製品を減らして穀物、野菜を多く食べることを勧めている。

前立腺がんの治療法もずいぶんと進歩しているが、患者が70代、80代の場合は何もしないというのも選択肢のひとつだそうだ。理由は「別の原因で死ぬ可能性が高いから」だという。とんだブラックジョークではないか。

僕も恥を忍んで、前立腺の触診を受けたことがある。医師は尻の穴に手袋をした指を突っ込んで、にやりとしながら「ありますね」と話しかけた。かたわらから美人看護師が「私、泌尿器科ですから、大丈夫です」と僕の尻を覗いている。馬鹿を言え。患者のほうが大丈夫じゃない！　病的な肥大はないということで、とりあえずは胸をなで下ろした。

話はジュリアーニに戻るが、彼の市長としての功績は評価に値する。僕が学生時代に初めて訪れたニューヨークの42番街はポルノショップが立ち並び、たむろする男たちの視線が昼間でも恐ろしい犯罪の温床だった。今やその地域にディズニーショップがあり、子どもたちが遊んでいる。そんな激変を実現したのがジュリアーニだ。

80年代に、ニューヨーク連邦検事としてウォール街のインサイダー取引やマフィアの摘発で名を上げた彼は、1994年に市長に当選すると市内の交差点に停まっている車の窓を拭いて金を要求する「スクイジー・マン」を追放、路上の屋台や風俗店一掃にも着手した。

だが、その強硬さゆえ、ヒスパニック系の有権者には評判が悪く、黒人層にはまったくといっていいほど受け入れられていない。犯罪率低下の陰には警察官の暴力行為の増加があるという指摘もある。しかし、すべての国民に愛される政治家などしょせん存在しえないのだから、彼の断固たる信念、実行力を日本の政治家も見習ってもらいたい。

死すべき定め

僕より10歳も若い58歳の義理の妹が、ある日突然医師から余命3カ月と宣告された。病名は膵臓がん。自覚症状が少なく検診でも見つかりにくいサイレント・キラーだ。発見された時はすでに他の臓器にも転移していて、手の施しようがなかったという。

ふだん看護師として働いていた彼女は、たくさんの末期の患者さんを看てきた。だが、さすがに自分のこととなると当惑し、僕を含め周囲の人びとは何もできないことに行き場のない怒りを覚えた。いつも快活で笑顔を絶やさなかった彼女が、心身ともに目に見えて衰弱していく。50代の若さで逝ってしまうのはあまりにも理不尽だ。

同じく医療関係に勤めている弟は彼女と相談の末、苦痛に耐えるだけの延命治療を拒否することにした。病と闘わず、痛みを麻薬で抑えながら最後まで人間らしく尊厳を失わない日々を過ごすために。

定年のない人生を歩んでいる僕も、還暦を過ぎた頃から自分の死を意識するようになった。年齢などただの数字だと強がっていたが、やはり60歳という区切りを迎えると、様々な想いが脳裏をよぎるのだ。まだなんとなく漠然としていて、どう立ち向かえばいいのかについての答えは出ていない。１００歳を超えた美術家の篠田桃紅さんは「体の半分はもうあの世にいて、過去も未来も俯瞰するようになる」と書かれているが、そんなものなのだろうか。

「高齢者にとって怖いものは死ではない」と、ハーバード大学公衆衛生大学院のアトゥール・ガワンデ医師は、著書『BEING MORTAL』（邦題『死すべき定め』みすず書房）

で述べている。「死よりも、延命治療や介護に頼って自分らしい生き方を失うことのほうが怖い」と。

今や、医学は長足の進歩を遂げ、人類史上かってないほど様々な病魔から人の命を救えるようになった。とても素晴らしいことだ。

だがその一方で、日本のような長寿社会では、高齢者ががんなどの難病とそれがもたらす耐えがたい痛みと闘わねばならないことが増えている。ガワンデ医師はこの「新しい終末期」において、医師は病気と闘うことだけでなく、患者の意味のある人生、できうる限り豊かで満ち足りた人生についても思いを馳せる必要がある、と説いている。

僕たちは豊かに生きることばかりを考えていて、「豊かに死ぬ」ために、何が必要なのかをあまり真剣に考えてこなかった。

最期の時をどう迎えればいいのか

「老いと病にあっては、少なくとも二種類の勇気が必要である」とガワンデ医師は言う。ひとつ目は、死すべき定めという現実に向かい合う勇気だ。この勇気は難しく、持てないのも当然だ。しかし、もっと難しいのはふたつ目の「得た真実に則って行動する勇気」だという。

ガワンデ医師は、その勇気が持てないのは未来の不確実性のせいだと当初は考えていた。しかし、それが正しくないことに気づいた。

「この先の予測が難しければ、何をすべきかを決めるのが難しくなる。しかし、いろいろ経験するうちに、本当のハードルは不確実性よりも、もっと根本的なことだと気づいた。恐れか望みか、どちらが自分にとって、もっとも大事なのかを決めなければならないのだ」

２０１８年5月2日、オーストラリアの最高齢医師デービッド・グドール氏（１０４歳）が、自らの命を絶つことを決意して、スイスへ旅立ったというニュースが飛び込んできた。イギリスＢＢＣ放送によれば、グドール氏は僕の義妹の状況とは異なり不治の病に冒されていたわけではないが、高齢で自立生活が困難になったため、スイスのバーゼルにある自殺ほう助機関で優先予約が認められたという。いわゆる「安楽死」だ。

「こんな年に達してしまい残念でならない。私は幸せではない。死にたい。悲しいのは（オーストラリアで）そうさせてもらえないことだ」と同氏は語っていたという。

オーストラリアのビクトリア州では２０１７年、同国で初めて、安楽死の合法化法案が可決されたが、対象者は健全な精神状態を持つ末期患者で余命６カ月以内に限られている。グドール氏は対象外だ。

自殺ほう助は日本を含めた大半の国々で違法行為とみなされている。しかし、その一方で、スイスが１９４２年に合法化したのを皮切りに、オランダ、ベルギー、ルクセンブルク、アメリカ５州、カナダ、韓国などでも認められるようになった。安楽死をサポートする組織も存在している。

世界でいち早く安楽死が容認されたオランダの事情をかつて取材したことがあるが、背景には徹底した国内議論と、幼い頃から教育を通して育まれる個人の自己決定能力重視があったことが印象的だった。オランダには延命治療という言葉さえない。延命は患者が決めるもので、医師が決めるものではないからだ。

人類史上かつてないほど長生きとなった我々日本人は、終末期をどう生き、最期の時をどう迎えればいいのか、もっと議論すべきだろう。グドール氏の１０４歳の選択をどう考えるか。高齢の患者を死の直前までパイプにつなぎ、苦痛を強いる医療が本当に正しい医療なのか。

「私が思うに、私のように年老いた者には、ほう助自殺の権利も含めた完全なる市民権が付与されるべきだ」というのが同氏の持論だった。

グドール氏はフランス在住の家族と最後の団欒を過ごした後、最も近い親戚とともにスイスに向かった。オーストラリアの自殺ほう助推進団体「エグジット・インターナショナル」の発表によれば、同氏は5月10日午後12時半、バーゼルの自殺ほう助団体のクリニックで、薬剤のネンブタール液を投与して自身の命を終えた。最後の食事は大好きなフィッシュ&チップスとチーズケーキだった。家族が見守る中、ベートーベンの「喜びの歌」を聴きながらこの世を去ったという。

延命治療を拒否した義妹は、家の片付けから葬儀場の手配まで、帰らぬひとり旅の用意をほとんど自分だけで終えていた。そして新緑の5月のある日、家族や親族に囲まれながら病院で静かに息を引き取った。葬儀の日、お棺の中で眠る彼女の冷たい顔をさすりながら、嗚咽する弟が最後に繰り返し語りかけていた言葉は「ありがとうね」だった。

心豊かに過ごせる定年後をめざして

先日、コシノヒロコさんの81歳の誕生日と60年間のデザイナー人生の集大成である著書の出版記念パーティにご招待いただいた。会場となった都内のホテルには政界、財界、芸能界など200人を超える加齢な、いや失礼、華麗なゲストたちが集まった。着物姿でステージに立ったとても小柄なコシノさんは、感謝の言葉を述べた後、こう宣言した。

「私は120歳まで生きると決めている！」

次のパーティは88歳の時にやる予定だそうだ。「その時にはみなさんの数も減るわね、ほほほほ」と辛辣な冗談も忘れてはいない。80歳を超えてなお、素晴らしくチャーミングな女性である。

彼女の素敵なところは、いつも「これまで」ではなく「これから」を考えていることだ。過去は変えられないけど、未来は変えられると。

パーティの少し前に、僕が専務理事を務めている東京クラシッククラブで妻ともどもゴルフをご一緒した。その小さな身体から打ち出されるドライバーショットは驚くほど力強くて驚かされた。

「蟹瀬さん、ゴルフはやっぱりウンドウカイね」とおっしゃる。なるほど、やはり運動会で走るように足腰を鍛えておくことが大切なのだと納得していたら、違った。ゴルフに必要なのは「運と道具と回数、合わせて運道回」だと。常にユーモアのセンスも忘れない。

運は自分ではどうしようもないから、飛距離を伸ばすためにゴルフクラブのシャフトを全部取り替えたそうだ。この前向きな姿勢には脱帽だ。いつも頭と身体をフルに使っていることがきっと彼女の若さ、そして幸せの秘訣なのだろう。次回ラウンドをご一緒する日が楽しみだ。

かたちはどうであれ、人は誰しも人生最後の日まで、幸せな時を過ごしたいと思っている。イタリア人は、愛人とパスタを食べながらサッカーを見ている時がいちばん幸せだそうだ。スペイン人は、美味しい食事をしてのんびり昼寝をしている時だという。さて、僕たち日本人はどんな時なのだろう。

ある研究によれば、世間の常識に反して、歳を重ねるに従って人はよりポジティブで幸せな気持ちになっていくそうだ。不安、憂鬱、怒りを感じることが少なくなるのだと。老後資金を心配しているあなたには、アメリカ人作家アンドリュー・トバイアスが、次のようなファイナンスの知恵を提供してくれている。

「誰でも裕福になる方法はある。財産と欲求のバランスを見つければいいのだ」

あとがき

高齢化社会というと、介護や年金問題、社会保障コストなど暗いニュースが多くなりがちだ。だが、年配になっても、魅力を失わない人たちが世界中にはたくさんいる。本文でも触れたが、89歳の時に「あなたは充実した人生を生きましたね」と言われた詩人のドロシー・ダンカンは、「過去形を使わないで！」と元気に切り返したという。

死ぬことや歳を取ることは誰も避けられないが、世間一般の〝お年寄り〟のイメージに自分を当てはめてしまう必要はない。ピアニストのルービンシュタインが人生最高といわれたリサイタルをおこなったのは89歳の時だった。女優のジェシカ・タンディは80歳の時に映画『ドライビング・ミス・デイジー』でアカデミー賞を授賞している。画家のパブロ・ピカソは90歳になっても、さらに革新的なデッサンを続けていたそうだ。人生は後半のほうが面白く、奥が深い。

こうした幸せで生き生きとした定年後を生きている先輩に共通していることは、仕事から引退したとしても、人生から決して引退していないということだ。

日本は世界に先駆けて超高齢社会に突入している。1955年に人口のわずか4・9%に過ぎなかった65歳以上が、2055年には40・5%を占めるようになると予測されている。今、必要なのは高齢者の発想の転換だ。

といっても、そんなに面倒なことではない。前述した詩人のダンカンはリタイアの定義を「退職して家に引きこもる」ではなく、〝リ・タイア〟、つまり「車のタイヤを取り替えて、外に出て行く」にすべきだと提案したとか。そんなおしゃれな発想が人生の黄昏時を輝かせる。

冒頭で、打ち出されたゴルフボールのように一本の放物線で人生を描くことができると書いた。一直線の美しい軌道を描いて早朝の青空に吸い込まれ、ほどなくして引力に引き戻されて青々した芝生のフェアウェーに着弾する、と。それが普通の感覚だろう。

タレントで作家だった永六輔さんは、かつて山形新聞のインタビューで「明るい老後とは」と訊かれて、「老後に明るいとか理想的という形容詞を厚生省はつけたがるんですが、老後が明るいわけがないでしょ」と答えていた。その通りだろう。

しかし、僕が出会ってきた、意気盛んなネオシルバーたちが心の中で描いている人生は、右肩上がりの一直線なのだ。容姿も体力も加齢とともに右肩下がりで衰えていく。だが、気持ちはいつも上向きで、人生の最後をいちばん高いところで終わるつもりでいる。人生を達観することはあっても、落胆することがない。周囲の人に対して寄り添う優しさを持っている。英語では〝aging with grace〟という。優雅で健やかな老いだ。

定年後が人生の第二幕の始まりだと気づいて、それまでにできなかったことに打ち込んでいる人びとがたくさんいる。

あなたがそのひとりになるために、本書がささやかな道標となれば幸いだ。

最後に、豊かな定年後の生活に役立つ、あるいは刺激になる良書を推奨しておこう。

・『脳を鍛えるには運動しかない！』ジョン・J・レイティ著／NHK出版

どうすれば脳の老化を止められるのか。それを真剣に考えている時に友人から勧められたのがこの本。決められた簡単な運動をすれば、高齢者であっても、脳を鍛え頭の働きを取り戻すことができることを証明している。これを読まずに死ねるかという一冊だ。

・『100歳の美しい脳』デヴィッド・スノウドン著／DHC

本当に美しい話である。678人の修道女が彼女たちの脳と人生記録を献身的なまでに捧げて、脳の老化を実証的に研究した膨大な記録だ。著者は疫学の専門家だが文章は叙情に溢れ、様々なエピソードが紹介されていて一級の読み物に仕上げられている。

・『いい加減よい加減』野村万之丞著／アクセスパブリッシング

狂言師の野村万之丞さんは45歳の若さで病に倒れ帰らぬ人となったが、才気溢れる総合芸術プロデューサーでもあった。彼は常々日本人の本当の良さを取り戻そうと話していて、それは「いい加減よい加減」な生き方だと。軽妙で愉快だがじつは奥深い一冊。

・『死すべき定め』アトゥール・ガワンデ著／みすず書房

医学の進歩で僕たちは人類史上かつてないほど長生きできるようになった。しかし、それはまた老後に難病と闘う機会が増えたことを意味する。この「新しい終末期」に何ができるのか。どうすれば、満ち足りた人生を実感できる最期を迎えられるのか。読み終えた時、僕は一筋の光が見えた気がした。医療は病気と闘うためだけにあるのではなく、患者が最後まで自立と尊厳、そして歓びを感じながら生きるためにある。

2018年5月

蟹瀬誠一

◉著者プロフィール

蟹瀬誠一（かにせせいいち）

ジャーナリスト。1950年石川県生まれ。上智大学文学部新聞学科卒業後、米AP通信社記者、仏AFP通信社記者、米『TIME』誌特派員を経て、91年にTBS「報道特集」キャスターとして日本のテレビ報道界に転身。文化放送「蟹瀬誠一 ネクスト！」のパーソナリティ、『経済討論バトル頂上決戦』『賢者の選択』などのキャスターを務め、カンボジアに小学校を建設するボランティア活動や環境NPO理事としても活躍。明治大学教授。著書に『もっと早く受けてみたかった「国際政治の授業」』（PHP研究所）、『蟹瀬誠一の日本経済の論点』（実業之日本社）、『60歳になった長男のお仕事』（双葉社）など多数。

男の「定年後」を死ぬまで幸せに生きる方法
7つの選択と4つの行動習慣

2018年6月26日第1版第1刷発行

著者　蟹瀬誠一

発行者　玉越直人

発行所　WAVE出版
〒102-0074 東京都千代田区九段南3-9-12
TEL 03-3261-3713　FAX 03-3261-3823
振替 00100-7-366376
E-mail：info@wave-publishers.co.jp
http://www.wave-publishers.co.jp/

印刷・製本　中央精版印刷

ISBN978-4-86621-152-7
NDC159 191p 19cm